W0085084

Herausgegeben von
PROVINZOFFENSIVE GbR
Antje Hubert & Barbara Schubert
Bahnhofstraße 26 a | 21787 Oberndorf
www.provinzoffensive.de

1. Auflage, Oberndorf 2021
Texte: ©Antje Hubert, ©Barbara Schubert
Fotos: ©Antje Hubert, ©Barbara Schubert, ©Ulrike Hermenau
Fotos Seite 40: ©Joanna Pianka
Gestaltung: ©Barbara Schubert

Druck: Druckerei Hottendorff, Otterndorf
Printed in Germany
ISBN 978-3-00-069737-1

Das Projekt wurde gefördert durch:

aufgrund eines Beschlusses
des Deutschen Bundestages

ALLE AN EINEN TISCH

Rezepte und Methoden für das Gelingen von Initiativen auf dem Land

Ein Reisebuch von Barbara Schubert & Antje Hubert

Projekt #1 der

Inhalt

Bewegungsrezepte, d.h. hilfreiche Ideen, die Initiativen stärken, finden sich in diesem Buch vor allem neben diesem Zeichen →

Kulinarische Rezepte, die kleine und große Gruppen satt und glücklich machen, finden sich im Buch neben diesem Zeichen →

Alle an einen Tisch

Im August 2019 brechen wir auf zu einer Entdeckungsreise in bürgerbewegte Orte auf dem Land. Innerhalb der nächsten 15 Monate werden wir Menschen treffen, die sich in Initiativen oder Vereinen für ihr Dorf oder für ihre Kleinstadt engagieren. In diesem Buch erzählen wir von ihren Erfahrungen. Und wir versammeln viele gute Ideen und Methoden für lange, gemeinsame Wege und wirkungsvolle Rezepte für ein gutes, kraftvolles Miteinander.

Sieben ländliche Initiativen stehen auf unserem Programm, ausgewählt aus einer ganzen Reihe von besonders engagierten Gruppen, von denen wir gehört oder gelesen hatten. Die meisten dieser Initiativen haben sich in strukturschwachen Gebieten in West- und Ostdeutschland zusammengefunden, an Orten mit notorisch unterfinanzierten Kommunen und entsprechend großem Handlungsbedarf. Ausschlaggebend für die Auswahl ausgerechnet dieser Orte sind am Ende zwei ganz subjektive Faktoren: Unsere Neugier und die Bereitschaft der Aktiven vor Ort, uns zu empfangen.

In unserem Reisegepäck befinden sich ein Tonbandgerät, Schreibzeug, Fotoapparat und wo immer es geht ein Tisch auf Rädern – unser selbstgebauter Begleiter. Zusammen mit einem »*Baum der Ideen*« – eine mobile, luftige Litfaß-Säule – ist er unsere mobile Forschungsstation.

Der Tisch ist unterwegs immer nützlich. Vor allem aber verkörpert er das unserer Meinung nach grundlegendste Rezept für das Gelingen von Bewegungen: **Lange oder große runde Tische sind die besten Orte, um Ideen und Gemeinschaft zu entwickeln, und nur mit der Muße, auch gemeinsam zu tafeln, zu essen und zu trinken, können Initiativen auf Dauer gelingen.**

Das mag selbstverständlich klingen. Aber es ist eine traurige Tatsache, dass es auf vielen Dörfern schon lange keine *»großen Tische«* mehr gibt – es fehlen Gasthäuser, Dorfgemeinschaftshäuser oder öffentliche Orte welcher Art auch immer, um sich zu treffen. Viele Dorfinitiativen müssen deshalb erst einmal wieder solche Orte schaffen, um überhaupt aktiv werden zu können. Die Initiativen, die wir besuchen, haben fast alle einen oder gleich mehrere Tische, an die wir unser Gefährt andocken konnten. Und so ist jeder Besuch auch um ein gemeinsames Essen herum organisiert. Es werden festliche, fröhliche Mahlzeiten, die wir zusammen einnehmen.

Unsere letzten Reiseziele müssen wegen der Pandemie, die uns ab März 2020 ins Homeoffice zwingt, per Telefon oder Videokonferenz erreicht werden. Wenn unser Buch erscheint, wird die Pandemie hoffentlich etwas von ihrer Macht verloren haben. Wie die Welt dann um uns herum aussehen wird, ist noch offen. Viele *»Tische«* sind inzwischen sicher noch verwaister als vorher.

Wir hoffen, dass dieses Buch jetzt umso nützlicher dabei sein kann, wieder mit neuen Kräften und gemeinsam anzufangen, das eigene Dorf in Bewegung zu setzen und miteinander eine offene, demokratische und phantasievolle Gesellschaft zu gestalten.

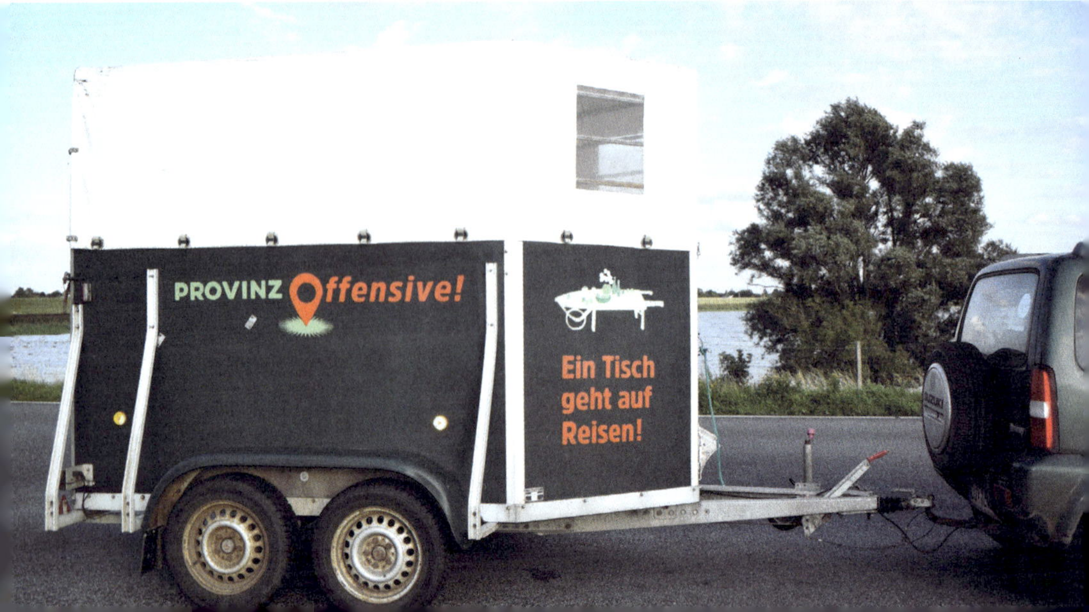

PROVINZ Offensive!

Ein Tisch geht auf Reisen!

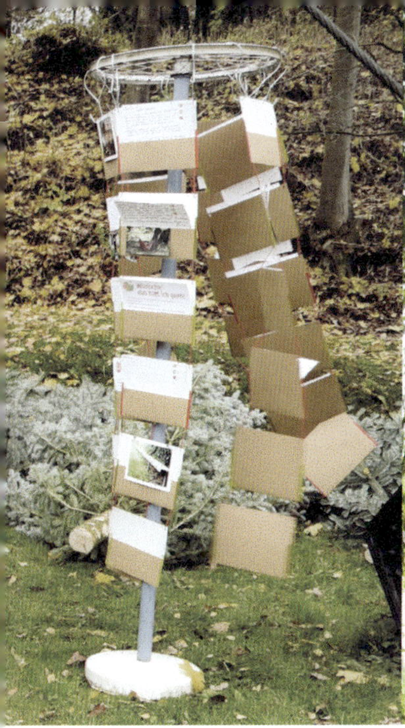
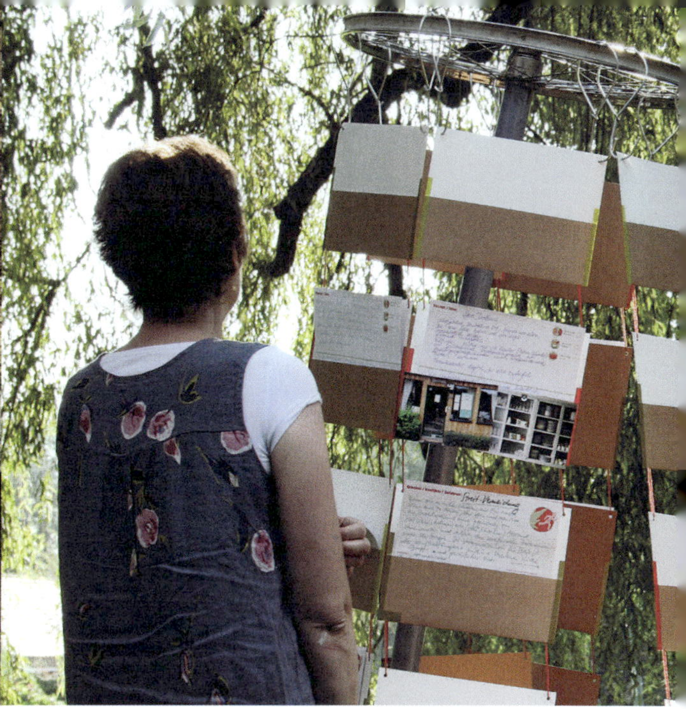
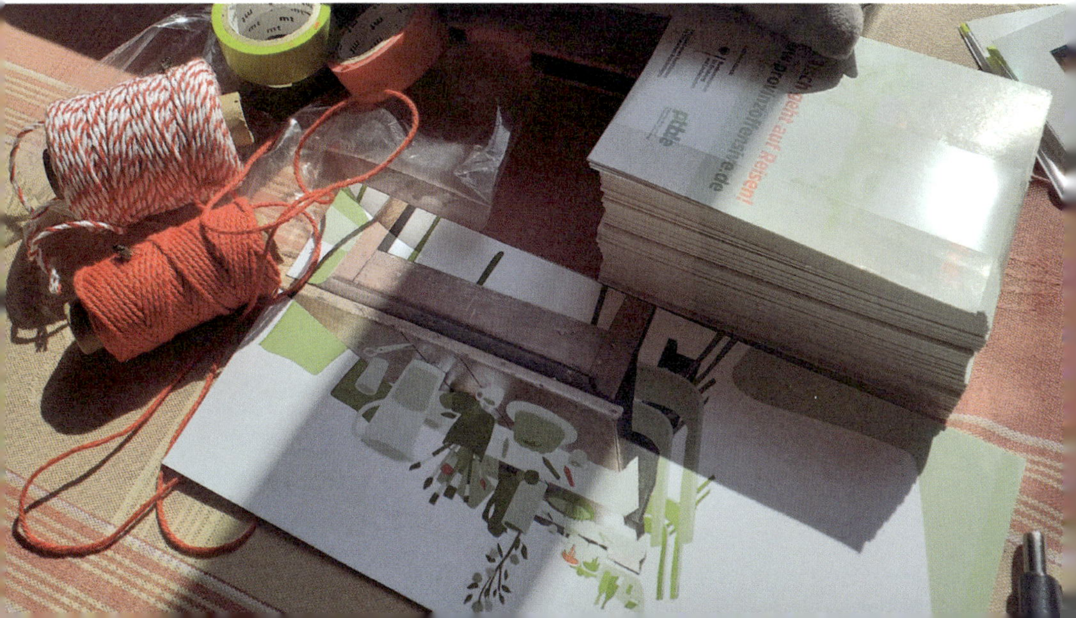

Barbara Schubert – immer wieder Suche

Auf der Suche nach dem guten Leben zog ich nach Oberndorf an der Oste. Nahm beglückt wahr, dass die Flussufer schön und viele Bewohner*innen offen sind – füreinander, für Neue und Neues. Eine außergewöhnlich gute Grundschule war ausschlaggebend für unseren Umzug nach 14 Jahren Hamburg in die befreiende Provinz. Ich stürzte mich in Gemeinschaft und in einen zeitweise rauschhaften Dorfentwicklungsprozess. Und hatte endlich das Gefühl, zusammen mit Freunden die Welt um mich herum verbessern zu können.

Das Oldenburger Büro Institut für Partizipatives Gestalten begleitete ab 2010 den offiziellen »Dorferneuerungs-Prozess«. Einer ihrer für mich wichtigsten Ansätze war, dass das Gestalten gesellschaftlicher Veränderungsprozesse zu erlernen sei. Das klang verheißungsvoll und nach dem Schlüssel zum Glück.

So wie ich es 2021 sehe, haben wir es in Oberndorf noch nicht geschafft, eine große, langfristig lebendige Initiative zu nähren, die viele Menschen so bereichert, dass sie dabei bleiben wollen. Wir haben einiges verändert in diesem Dorf, auch zum Guten. Aber die harten Niederlagen, die wir einstecken mussten und anstrengende Dauerprojekte haben uns viel gekostet. Geld, Kraft und Gesundheit und was noch schlimmer ist – Freunde, Freundinnen und die Freude aneinander. Wir wussten vielleicht noch nicht genug über die Hürden gemeinschaftlicher Arbeit. Wir waren ganz sicher noch nicht mutig genug für wertvolle Zweifel und offene Auseinandersetzungen.

Ich wollte und konnte »mein Dorf« nicht mehr verstehen. Irgendwo zwischen Trauer, Scham, Verzweiflung, Wut und Hoffnung gelang die Idee zu diesem Projekt:

Lass uns fort fahren – sehen, wie es die anderen machen! Auf zu einigen spannenden Initiativen in diesem Land, auf dass wir von ihnen lernen können: Was sich immer wieder ähnelt, was sich anders machen ließe und wie es besser weitergehen kann.

Antje Hubert – immer wieder Dorf

Ich bin in einem Dorf in Niedersachsen aufgewachsen. Seit über 30 Jahren lebe ich in der Stadt, doch für meine Filmarbeit ziehe ich immer wieder übers Land und habe angefangen, die großen gesellschaftlichen Umbrüche, die die Menschen dort erleben, zu dokumentieren.

2013 hatten mich die Betreiberinnen der »Lichtspiele Oberndorf« eingeladen, dort einen meiner Filme zu zeigen. Bei meiner Ankunft stellte sich heraus, dass es im Dorf gar kein Lichtspieltheater gab. Aber nach dem Motto »Mach das was dir fehlt einfach selbst« sorgten drei Frauen – eine Einheimische und zwei Stadtflüchtige aus Hamburg – für eine lebendige Kinokultur. Sie funktionierte im Gemeinderaum oder in der Schulaula und zusammen mit dem Mobilen Kino Niedersachsen ganz wunderbar. Eine dieser Frauen war Barbara Schubert. Es wurde ein denkwürdiger Abend. Viele Leute kamen, blieben auch lange nach dem Film versammelt und berichteten aus ihrem Dorf. Der Grundstein für einen neuen Film war gelegt: »Von Bananenbäumen träumen« erzählt die Geschichte von ein paar Oberndorfer*innen, die sich aufmachen, ihr Dorf zu retten: Mit selbst verdientem Geld aus einer Bürgeraktiengesellschaft, die Energie erzeugt und Fischzucht betreibt. Tatsächlich gelingt es nach einem mühsamen Weg, die Fischzucht in Betrieb zu nehmen. Noch längst ist nicht alles gut, die Grundschule zum Beispiel wird geschlossen. Doch der Mut, die Dinge selbst in die Hand zu nehmen, weht wie ein frischer Wind durch das Dorf und bald durch ganz viele Kinosäle in Deutschland.

*2017, ein Jahr nach dem Kinostart, zeigt sich, dass die Aktiengesellschaft in Schieflage gerät, ein Jahr später ist sie insolvent. Was noch schlimmer ist: Die gemeinsame Sache ist unter einem Berg von schwelenden Konflikten verschüttet. Ich habe inzwischen viele Dörfer zwischen Aufbruch und Verzweiflung kennengelernt. Barbara schlägt mir vor, zusammen übers Land zu reisen. **Zu zweit stürzen wir uns in die vielschichtige Wirklichkeit des Landlebens, das wir aus ganz unterschiedlichen Blickwinkeln und doch mit ähnlicher Leidenschaft wahrnehmen, verstehen und verändern wollen.***

Sowohl unsere persönliche Betroffenheit als auch die Herangehensweise, diese Frage zu beantworten, sind bei uns beiden Autorinnen ganz unterschiedlich. Oft haben wir uns auf unserer Reise falsch verstanden, behakt, gestritten. Antje, die am langen Tisch lieber allein auf einem Stuhl sitzt zwischen all den anderen. Barbara, die die Bank sucht, auf der sie mit vielen zusammen sitzen kann. Die eine braucht Nähe, die andere Distanz. Aus beiden Perspektiven sehen wir zur selben Zeit die anderen. Mit ihren Leidenschaften, Träumen, und mit ihren Fähigkeiten und Unzulänglichkeiten, miteinander umzugehen und gemeinsam ihr Dorf zu bewegen.

Ulrike Hermenau – immer wieder Fragen

Streitbarer und reflexiver Austausch vor Reisebeginn, unterwegs und im nachträglichen Schreiben der Texte gehört für Antje und Barbara dazu. Dazu haben sie mich ins Projekt geholt. Als Prozessbegleiterin und Supervisorin mit systemischer Ausbildung besteht meine Aufgabe unter anderem darin, gute Fragen zu finden, die den Blick weiten. Das unterstützt bei der Orientierung und Zielklärung.

Für mich steht dieses Buchprojekt beispielhaft für zivilgesellschaftliche Initiativen schlechthin. Die werden betrieben mit hohem persönlichen und emotionalen Einsatz. Hier entsteht Energie, die kreativ wirkt und immer auch Konfliktpotenzial mit sich bringt. Wird an den Konflikten gearbeitet (und das ist fast immer leichter durch neutrale Moderation von außen), werden sie zu Wachstumsprozessen für das gesamte Vorhaben.

Das Wissen um die Blickrichtungen der Beteiligten ist Teil des Gelingens. Oder: Je besser wir die inneren Landkarten der anderen erkunden, desto besser verstehen wir, was passiert. Darum: Stellen wir immer wieder gute Fragen!

Was treibt euch an?

Vielleicht ist es der Wunsch, Teil eines Ganzen zu sein. Nicht mehr ohnmächtig zugucken zu wollen, nicht nur zu reden und darauf zu warten, dass es andere machen, sondern selbst aktiv zu werden. Aus Lust am Kreativsein, aus Sorge um das Dorf, aus Einsamkeit, als Bereicherung des eigenen Lebens, aus Tradition, für die Kinder … Was auch immer die Leute antreibt, ihr Engagement nährt sich aus Lebensgeschichten. Wenn Menschen sich für ein Ehrenamt entscheiden, bringen sie immer ihre Erfahrungen und besonderen Charaktere, ihre eigene Sicht auf gesellschaftspolitische Themen mit in die Gruppe ein.

Innerhalb dieser Gruppen stoßen wir trotzdem immer wieder auf ähnliche *»Rollen«*: Es gibt die Visionär*innen, die Begeisterten, die Pragmatiker*innen, die Strukturierten, die Macher*innen, die Zweifelnden, die Fürsorglichen, die Egozentrischen, die Hintergrundarbeiter*innen, die Ungeduldigen, die Spaßmacher*innen, die Streitbaren, die Konfliktvermeider*innen …

Es ist ein großes Glück, wenn sich die Kraft und Klugheit aller potenziert und spürbar mehr wird als die Summe ihrer Teile. Etwas gemeinsam zum Positiven zu verändern ist unvergesslich für alle, die dabei waren. Doch solche Erfolge sind oft das Ergebnis eines anstrengenden Marathonlaufs. Erschöpfung, Konflikte, temporärer Rückzug aus der Gruppe und Niederlagen gehören dazu. Denn für die Aktiven ist das Ehrenamt in Wirklichkeit kein *»Amt«*, sondern eine Aufgabe, die den ganzen Menschen meist über Jahre fordert.

Wie haltet ihr durch?

Wir treffen in den Dorf-Initiativen auf Alteingesessene, Zugereiste, Zurück-gekehrte. Darunter sind nur wenige zwischen 30-50 Jahre alt. Die meisten sind älter, haben eine sichere Arbeit oder sind in der Rente. Der Spagat zwischen Beruf, Familie und Engagement ist immer ein Thema und wird schwieriger, wenn prekäre und extrem belastende Arbeitsverhältnisse zunehmen.

Ehrenamt braucht – das sei vorweg gesagt – relativ sichere Lebensverhältnisse, Zeit, Kraft und einen langen Atem. Es braucht viel mehr und flexiblere, ba-sisnahe Förderinstrumente. Es braucht eine andere Fehlerkultur, freundliche Gelassenheit im Umgang miteinander und ein ständiges Einüben gemein-schaftlicher Prozesse.

Es gibt ganz sicher nicht das eine »*Rezept*«, was für alle Initiativen passt, **aber eines hilft immer: Sich dörferübergreifend über die gemachten Erfahrungen auszutauschen.** Unser Buch soll dazu beitragen.

DIE TISCH-REISEN DER PROVINZ-OFFENSIVE 2019 / 2020

mit dem Theaterbus auf's Land und das Dorf retten …
**10. + 11. August 2019
Wartenburg an der Elbe
Sachsen-Anhalt**

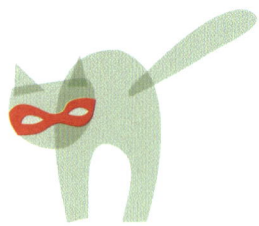

*mit dem Ruf-Bus
zum Spielort des Widerstands*
**24. + 25. Oktober 2019
Platenlaase
Niedersachsen**

unterwegs in der Vier-Dör-fer-Familie am Bollert
**14. – 16. November 2019
10. + 11. Juli 2020
Bollertdörfer
Niedersachsen**

Nachbarschaft kultivieren
an der Dorfpumpe
16. – 19. August 2019
Gessin
Mecklenburg-Vorpommern

zu Gast im ewig
Rollenden Dorfzentrum
30. August – 01. September 2019
Gnissau
Schleswig-Holstein

Berge besteigen und
Höhenflüge im Harz
12. – 14. März 2020
Ballenstedt
Sachsen-Anhalt

Gemeinschaft pflegen und
erproben im Ökodorf
26. Oktober 2020
Schloss Tempelhof
Baden-Württemberg

Gessin

Platenlaase

Gnissau

Hamburg

PROVINZ **Offensive!**

Oberndorf

Wartenburg

N

Ballenstedt

Bollertdörfer

Schloss
Tempelhof

WARTENBURG – RETTET DAS DORF!

19. – 20. August 2019

Unsere Reise über die Dörfer beginnt an einer mobilen Bushaltestelle in Wittenberg in Sachsen-Anhalt: Station 1 einer künstlerischen Inszenierung, die uns ins 20 km entfernte Wartenburg führen soll. Ein riesiger Reisebus kommt und fährt uns und weitere Neugierige in das kleine Dorf. An zwei Wochenenden macht hier eine Gruppe von Künstlerinnen und Künstlern aus ganz Deutschland zusammen mit dem Dorf Theater. Von Anfang an stellen sie das übliche kulturelle Gefälle zwischen Stadt und Land lustvoll auf den Kopf.

Den ländlichen Raum transformieren

Hinter der Gruppe stehen Folke Witten und Julia Nierade aus Quern in Schleswig-Holstein. Mit ihrem *»Institut für theatralische Angelegenheiten«* haben sie es sich zum Ziel gesetzt, *»ländliche Orte temporär zu transformieren«.* Der Bedarf nach Transformation in Wartenburg sei groß, erzählt Folke bei einem Vorgespräch am Telefon. Das Dorf fühle sich *»komplett abgehängt«* vom Rest der Welt. *»Viele wollen etwas tun, aber sie wissen nicht, wie.«* *»Rettet das Dorf!«* heißt folgerichtig das Theaterstück, das die Gruppe ein Jahr lang durch intensive Recherchen vor Ort und in Gesprächen mit den Dorfbewohnerinnen und Dorfbewohnern entwickelt hat.

»Kann Kunst ein Dorf retten?« fragen wir.
»Kunst kann Räume öffnen, damit die Leute sich anders kennenlernen.«
sagt Folke.

Hier gibt es wenig positive Visionen

Wartenburg an der Elbe: 850 Jahre alt, südöstlich von Wittenberg. Ein malerisches Schloss ist heute Pension und Fahrradhotel. Das Schloss und die beeindruckende Kirche zeugen von einem einst bedeutenden Rittergut. Wartenburg liegt dennoch abseits: Von den hiesigen Bundesstraßen, und selbst der Elberadweg verläuft am anderen Ufer. Es gibt relativ viele kleine und mittlere Wirtschaftsbetriebe. Ein Werbeprospekt für Wartenburg führt ein ganzes Alphabet voller Vorzüge auf. Zum Beispiel die schönen Elbauen, Elkes Minimarkt, die Gaststätte *»Zur Weintraube«*, Breitbandanschluss und viele leerstehende Häuser, die auf junge Familien warten. Seit 1993 ist die Einwohnerzahl von knappen Tausend auf weniger als 700 gesunken. Die Sekundarschule steht seit 2003 leer, eine Grundschule gibt es schon seit 1993 nicht mehr im Ort. Es ist einer von diesen seltsamen Zwischenzuständen, in dem viele Dörfer schweben: Man weiß nicht, ob alles besser oder alles schlechter werden wird …

»Hier im Osten«, erzählt uns Claudia Rehhahn *»gibt es wenig positive Visionen für die Rückkehrer*innen, die nach der Wende Arbeit und Ausbildung im Westen suchten. Fachkräfte sind auch deshalb rar gesät.«* Claudia hat die Künstler*innen nach Wartenburg geladen. Über eine ehemalige Wartenburgerin hörte sie von Julia und Folke und es packte sie *»Neugier und eine unendliche Lust, diese Impulse von außen zu nutzen. Wann passiert uns das nochmal? Das ist so eine Chance, dass wir an die Hand genommen werden und daraus was ganz Eigenes passiert.«* Claudia war am Anfang mit dieser Ahnung noch allein. Selbst ihr Mann Ulrich blieb verhalten. Hielt ihr aber im gemeinsamen Bauunternehmen den Rücken frei, so dass Claudia sich in die Organisation stürzen konnte.

Wovon träumt das Dorf?

Der Theaterbus hält nahe beim Gasthaus, an einem dieser grauen Wartehäuschen, in dem sonst vielleicht die Dorfjugend die Zeit tot schlägt. Heute ist es wie ein kleines Wohnzimmer eingerichtet, ein Fernseher läuft, aber niemand ist da.

Dafür ist auf der Straße mehr los. Viele kleine Grüppchen schlendern freudig durch die Gassen des Ortes und suchen »*das Theater*«. Ein seltsam gekleideter Mann fährt auf einem Fahrrad emsig umher und zeigt allen die Richtung. Theater ist eigentlich schon überall. Im ganzen Dorf wachsen riesige, purpurfarbene Glockenblumen aus Pappmaché, aus denen merkwürdige leise Klänge wabern. In der Dunkelheit beginnen die Blüten zu leuchten. Kinderzeichnungen von Königspaaren und große Fragen in rosa Kreide schmücken halbhohe Grundstücksmauern: *Wovon träumt das Dorf? Ist das Dorf ein Paradies?* Am Weg zum Kirchhof wehen mit Phantasie-Wappen bunt bedruckte Flaggen in der Abendsonne. Je näher wir dem Platz des Aufführungsbeginns kommen, desto verzauberter wirkt der Ort. Auf der Kreuzung vor der Kirche rollt eine weiß gekleidete Frau auf einem Hoverboard über den Asphalt. Vielleicht ein Engel, eine Prophetin?

Das Theaterstück entwickelt sich in kleinen Episoden sehr frei entlang des Märchens »*Der Teufel mit den drei goldenen Haaren*«. Ein junger Mann ist auf der Suche nach seinem Glück und bevor er in einem fulminanten Finale vor dem Wirtshaus »*Zur Weintraube*« die Prinzessin bekommt, muss er auch dem Dorf zu seinem Glück verhelfen. Seine Gegenspieler sind ein eigensüchtiger König, der eine Mörderbande auf ihn hetzt und ein diabolischer Geselle, der auf den Mauern hockt, in den Köpfen der Leute herumspukt, zeitweise die Kirche in dichten Theaternebel hüllt und am Ende alle Hüllen fallen lässt. Während es langsam dunkel wird, folgen die Zuschauer dem Ensemble von Station zu Station durchs Dorf – mal heiter gelassen, dann wieder verstört, immer gespannt. Alle Dramatik, die ein Dorf zu bieten hat, wird in großartigen Bildern aufgefächert: Die Leichen unbewältigter Geschichte, schwelende

Familienzwiste, das Unvermögen, offen miteinander zu reden und auch der Dorfcoach fehlt nicht. Er, der erst großen Eindruck macht, den dann aber doch keiner versteht oder verstehen will, geht schließlich in einer Prügelei zu Boden. Und ob das Dorf am Ende dann gerettet ist, bleibt offen, weil sich der Teufel eben nicht so leicht besiegen lässt.

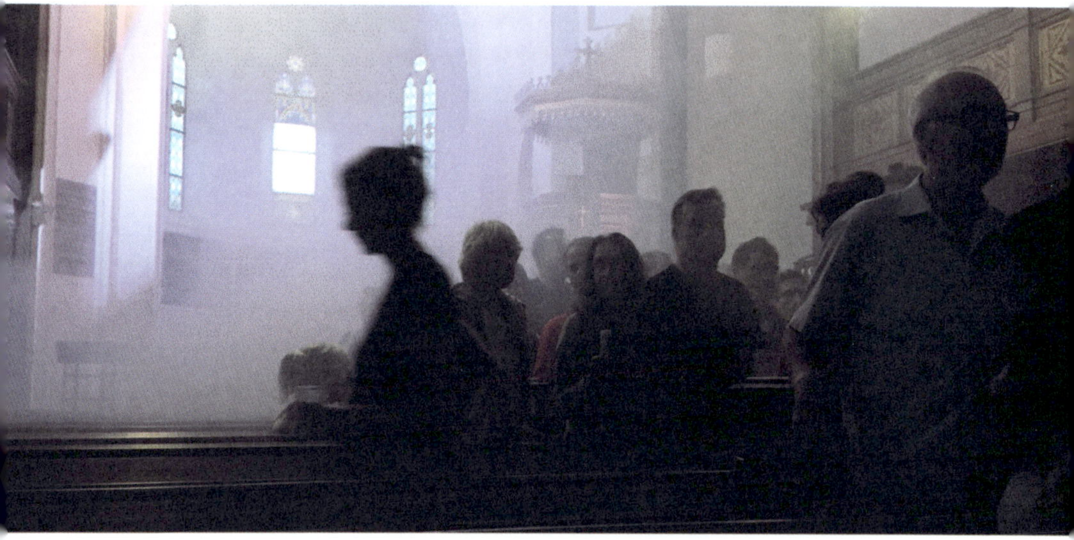

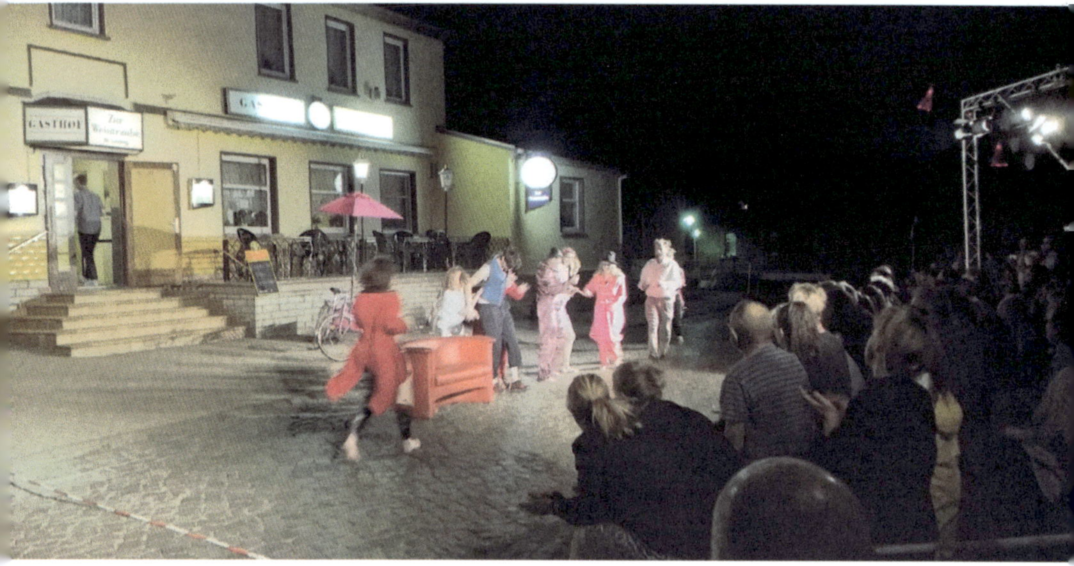
GASTHOF
Zur
Weintraube

Am Tag nach der Aufführung treffen wir die »*Kellerkinder*«, die sich als Gruppe erst durch dieses Projekt fanden. Als die Theaterleute kamen, waren sie zunächst einmal skeptisch. Nach dem ersten Kennenlern-Wochenende wurden die Gäste dann als »*erfrischend anders*« wahrgenommen. Die Aufmerksamkeit, die das Projekt mit sich brachte, hat alle überzeugt. Heute sind sieben »*Kellerkinder*« gekommen. Mit am Tisch: Folke, Julia und Schauspieler Lorenz Pilz.

Atmosphärische Orte

Der Treffpunkt der Gruppe ist der ehemalige Kuhstall auf dem Hof von Claudia und Ulrich Rehhahn. Der Bauernhof von Ulrichs Familie ging nach der Wende wieder an die Besitzer zurück. Als Claudia und Ulrich 1991 aus Berlin kamen, wurde daraus ein Bauhof, spezialisiert auf die Restaurierung von historischen Fassaden auf dem Land. Den Kuhstall haben sie zu einem sehr besonderen, charmanten Raum mit feuerwehrroten, gusseisernen Säulen ausgebaut. Es gibt einen großenTresen, einen Kanonenofen, überall Sitzecken mit vom Sperrmüll geretteten Tischen und Stühlen. Im hinteren Teil des Raumes stapeln sich hinter einem Vorhang noch viel mehr Stühle, die jederzeit dazu gestellt werden können. Der Raum hat Platz für 150 Leute, aber auch mit unserer kleinen Gruppe fühlen wir uns hier sehr wohl.

Den Anlass, diesen Ort zu schaffen, bot vor sechs Jahren die 200-Jahrfeier der »*Schlacht bei Wartenburg*«, ein mehrtägiges Gefecht während der Befreiungskriege gegen die Armee von Napoleon. Alle fünf Jahre wird dieses Ereignis mit Umzügen und Gefechtsdarstellungen in historischen Uniformen gefeiert. Es fehlte ein Platz für die Vorbereitungen – damals war der Kuhstall noch ein leerer Raum. »*Der Raum ist unser Beitrag zum Dorfleben*«, sagen die Rehhahns. Mittlerweile ist er auch ein Ort zum Feiern, für Gesprächsrunden, Vorträge, Vernissagen, Lesungen. Vereine nutzen ihn gegen Zahlung der Energiekosten.

Räume, die offen, gemütlich, gut durchdacht und zugleich improvisiert sind, machen es leicht, entspannt ins Gespräch zu kommen. Gut, wenn die Räume noch nicht bis ins letzte Detail gestaltet sind, sondern weiterentwickelt werden können, Spielräume lassen für neue Ereignisse und neue Menschen, die dazu kommen.

Wir haben aufgeräumt

Die meisten »*Kellerkinder*« wollten mit dem Theaterprojekt in Wartenburg »*überregionale Präsenz für den Ort schaffen*«. Quasi eine künstlerische PR-Maßnahme. »*Leute ziehen dahin, wo man so etwas kontinuierlich macht!*« Geschehen ist in diesem Jahr der Vorbereitung jedoch auch viel im Dorf selbst. Die Wartenburger*innen erlebten die Anwesenheit der Künstlerinnen und Künstler vor allem als Wertschätzung.

»*Die Theaterleute haben hier gelebt, sind in die Kneipe und zum Friseur gegangen. Wir haben die ständige Kommunikation genossen.*« / »*Wir haben aufgeräumt, in Ecken, wo schon lange keiner mehr hingekommen ist.*« / »*Unsere Wünsche und Sorgen sind formuliert worden.*« / »*Wartenburg ist noch viel schöner geworden. Die Theaterleute haben viele neue Plätze entdeckt, die als besondere Orte gar nicht in unserem Bewusstsein waren.*«

Die verschiedenen Lebenswege von Einwohner*innen und Theaterleuten waren natürlich manchmal auch eine Herausforderung. »*Wir mussten erst eine gemeinsame Sprache finden und mussten lernen, verschiedene Sichtweisen auszuhalten*«. »*Der Vorteil von Kultur ist es, nicht von Politik oder Parteien gesteuert zu sein, da ist es leichter, andere Meinungen zuzulassen.*«

Ich mache es für mich

Schafft man es, alle im Dorf dabei mitzunehmen? »*Kriegste nicht hin. DAS Dorf gibt es nicht, es ist vielmehr eine* »*Drei-Drittel-Gesellschaft*«, sagt Ulli Laiman. »*Ein Drittel ist mit Enthusiasmus dabei, einem Drittel ist es egal und ein weiteres Drittel hält das Projekt für Blödsinn. Ich mach' es halt für mich.*« ist sein ganz persönliches Rezept. »*Purer Eigennutz muss der Antrieb sein. Nur dann kann man auch mal ein Tief verarbeiten.*«

Die Theatergruppe hat eine kollektive Arbeitsweise mit ins Dorf gebracht, alle haben gleichberechtigt an dem Stück mitgewirkt: Im Kuhstall wurden bei Kaffee und Kuchen umschichtig die Blumen gebastelt, die Schulkinder entwarfen mit Julia Wappen und Flaggen, die Nähfrauen bereiteten die Grundfahnen vor, Folke und Árni machten ein Theaterprojekt mit Kindern aus dem Kinderheim … *Würde so eine Arbeitsweise hier auch ohne die Künstler und Künstlerinnen funktionieren?* Große Skepsis steht im Raum.

Christine Zepperitz hat lange Jahre in der Schweiz gelebt. Sie ist nach Wartenburg zurück gekommen und nahm ihr Dorf schon immer als sehr aktiv wahr. Sie berichtet von einer gelungenen kollektiven Arbeitsweise auf Island. Ihr Mann Árni Þorlákur Guðnason stammt von dort und hat mit vielen anderen in seinem Heimat-Fjord ein sehr unkonventionelles Punk-Festival auf die Beine gestellt: Basisdemokratisch und anarchisch. *»Da knallen auch mal die Köpfe zusammen.«* sagt Christine. *»Aber sie haben eine klare, gemeinsame Vision, mit der sich sehr unterschiedliche Leute verbinden können – und so schaffen sie es!«* (→ Exkurs zu Norðanpaunk Seite 38 ff.)

Das Theaterprojekt thematisiert den Umgang mit Schwierigkeiten und rührt an offene Wunden. Wir wollen wissen, wie das bei den Leuten angekommen ist? *»Die meisten fanden es gut«*, glaubt die Tischrunde, doch so ganz sicher ist man sich nicht. *»Das ist im Dorf eine besondere Herausforderung, wie in einer Familie, viele Leute wollen nicht reden, fühlen sich durch andere Sichtweisen und durch Fremde bedroht.«* Konflikte, über die nicht geredet werden kann, führen zu Tabus; Tabuthemen halten Menschen auf Abstand. Umso erstaunter sind die Aktiven, wie viele Leute gekommen sind, um sich das Stück anzusehen. Leute, die man schon lange nicht mehr oder noch nie gesehen hatte, waren auf der Straße.

Was können wir verändern?

Wie geht die »*Transformation*« von Wartenburg weiter? »*Große Zukunftsvisionen sind nichts für uns*«, meint Claudia. Es gab die Idee, das 1.500 Quadratmeter große Schulgebäude zu kaufen, auch, um es vor dem drohenden Zugriff durch rechte Gruppen zu schützen. »*Aber*«, so erklärt sie weiter, »*unter großem Zeitdruck kam kein sicheres Konzept zustande, und es fehlte ein stabiles junges Team für die Umsetzung.*« Die »*Kellerkinder*« wollen sich lieber kleine Themen vornehmen: Radwanderwege ausweisen, für mehr Zuzug werben, den Leerstand füllen. Vielleicht auch mit der nahe gelegenen Uni kooperieren.

Aber, so wird geklagt: »*Es ist auch immer die Bürokratie, die große Hürden schafft und Prozesse lähmt*«. Seit 25 Jahren sei kein Geld mehr bei den Kommunen. Die Folge: Mangelverwaltung wie in der DDR. Dieses Grundübel sei noch verschärft worden durch die Gebietsreform von 2010, durch die der Ort in die Stadt Kemberg eingemeindet wurde.

Zwei Meinungen stehen plötzlich unentschieden im Raum:

»*Das Handeln im Regionalen hat nur begrenzte Möglichkeiten, etwas zu verändern. Was wir machen, ist nur ein Zwergenaufstand.*«

»*Eine Dorfinitiative ist Demokratie auf regionaler Ebene. Gerade so können wir wirklich etwas verändern.*«

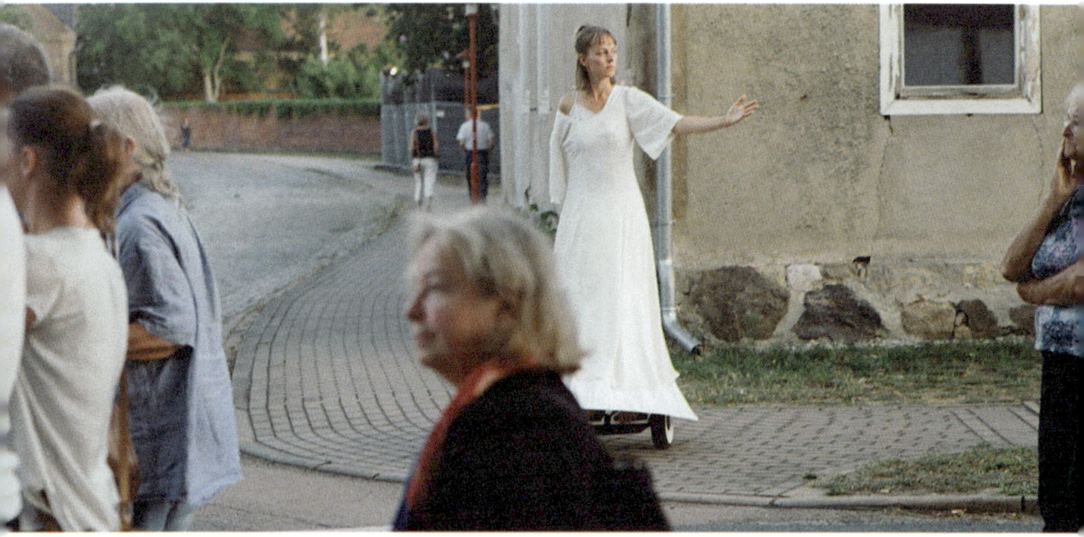

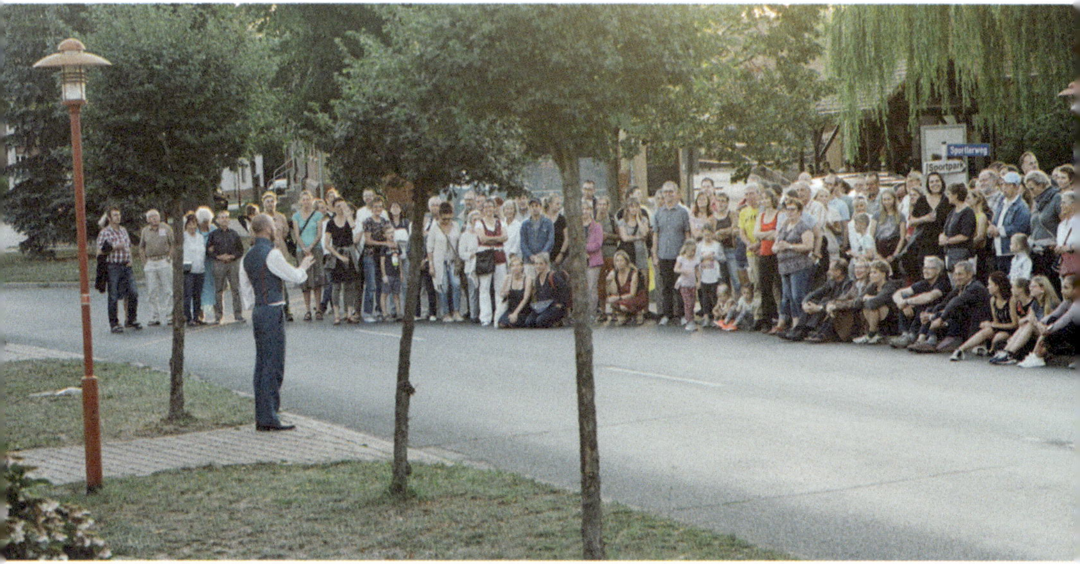

Anderthalb Jahre später ...

Im Sommer 2019 haben die Wartenburger*innen gemeinsam mit einer Theatergruppe das Dorf für mehrere Tage verzaubert, auf den Kopf gestellt, geöffnet. Der Ort – nach außen hin sichtbarer geworden – hat auch viel inneres Potential gezeigt: Als Bühne für die alltäglichen Kämpfe um ein friedliches und zukunftsfrohes Miteinander. Mit drei »*Kellerkindern*« sprechen wir fast anderthalb Jahre nach unserem Besuch noch einmal.

Im Januar 2021 – nach fast einem Jahr im Corona-Ausnahmezustand – telefonieren wir mit Claudia. Wie sieht es aus in Wartenburg? Das Gasthaus »*Zur Weintraube*« hat jetzt geschlossen, auch der Saal ist nicht mehr für die Vereine nutzbar. Das Schulgebäude ist inzwischen mehrmals verkauft und ein Spekulationsobjekt ohne konkrete Nutzung. Die »*Kellerkinder*« treffen sich weiter. Den Elbe-Radweg auch auf die Wartenburger Seite zu lenken, ist nach wie vor ein sehr schwieriges Projekt. Nicht nur die Kemberger Verwaltung sondern offenbar auch viele Wartenburger Unternehmen haben kein Interesse an dem Radweg, klagt Claudia. Warum zum Beispiel die Pensionen und der Fahrradladen nicht dahinter stehen, kann sie sich und uns nicht erklären. »*Auch persönliche Ansprache hilft nicht.*«

Aber Claudia und Ulrich haben den Kuhstall erweitert mit flexiblen Trennwänden, einem zweiten Ofen und einem WC-Container. Der Raum sollte fit sein für eine Reihe von Kulturevents. Denn soviel ist klar: Es soll weiter gehen mit der Kunst und an einem festen Wochenende im Jahr soll es – wenn auch in kleinerem Stil – wieder theatralische Angelegenheiten in Wartenburg geben.

Christine ist mit einer Gruppe von Aktiven mitten im Aufbau einer solidarischen Landwirtschaft. Alle zusammen zu bringen ist ein großes Experiment und braucht Fingerspitzengefühl, Zeit und Geduld. Auch für die Frage: Welche Kommunikations- und Arbeitsweisen funktionieren denn gut mit genau dieser Gruppe an Leuten? Momentan treffen sie sich mindestens wöchentlich.

»Der Austausch in kurzen Abständen ist wichtig und feste Termine sind unbedingt hilfreich«, sagt Christine. Sind die Pausen länger als sechs Wochen, ist die Gefahr groß, dass der gemeinsame Faden reißt. »Wenn viel zu besprechen ist, dann ist es besser, statt langen, ermüdenden Versammlungen lieber mehrere kurze Treffen zu vereinbaren.«

Christines Mann Árni hat weiterhin viele Ideen für die Nachnutzung der Schule. Alle seine Konzepte kreisen um die Arbeit mit Kindern und Jugendlichen: Vom Ferienlager oder Ausflugsort für Klassenfahrten kombiniert mit Künstlerresidenzen bis zur Gründung einer eigenen Freien Schule. Alles scheitert bisher immer wieder am Geld und offenbar schafft der Visionär Árni es noch nicht, die solide rechnenden Unternehmer unter den *»Kellerkindern«* von der Durchführbarkeit seiner Konzepte zu überzeugen.

Aber auch neue Kultur-Events hatte Árni im letzten Jahr geplant: Ein dezentrales Dorffest mit mehreren über Wartenburg verteilten Anlaufpunkten. Er knüpfte außerdem Kontakt zu einer Berliner Künstlergruppe, mit der Workshops stattfinden sollen.

»Sie sollen alle kommen!«, sagt Claudia. *»Wartenburg ist ganz offen für Kunst.«*

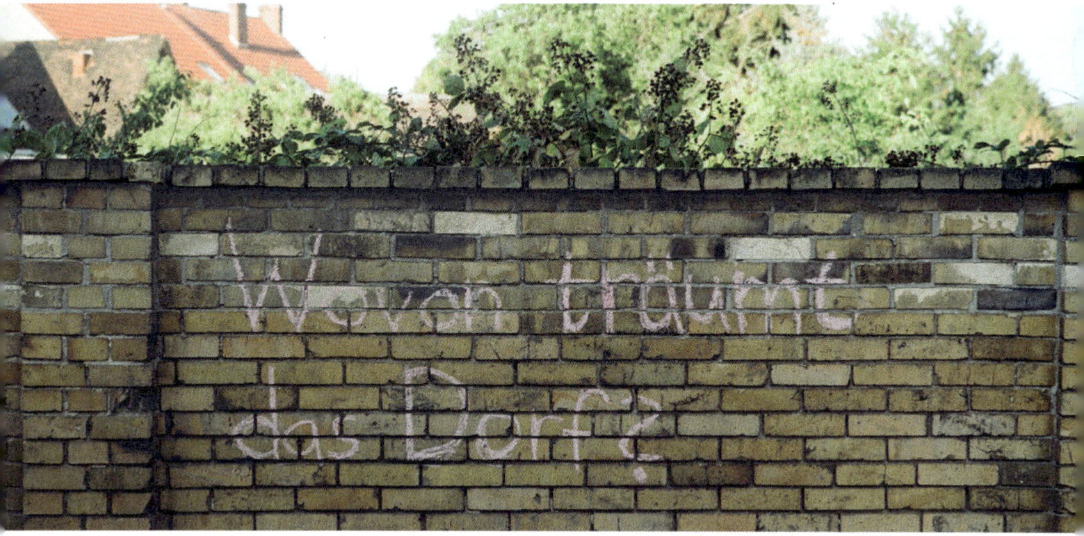
Wovon träumt
das Dorf?

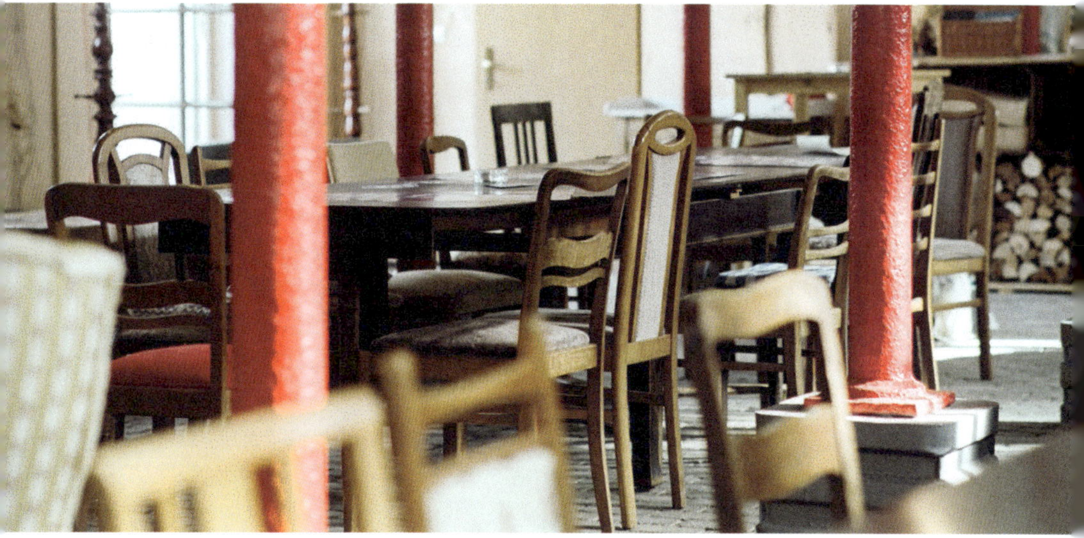

Exkurs Norðanpaunk: Der Schlüssel heißt Integration

»*Anarchie ist nicht Abwesenheit von Struktur oder Kontrolle, sondern Selbstor-ganisation mit direkten Kommunikationswegen und flachen Hierarchien*«, so erklärt es Árni Þorlákur Guðnason. Also ein von äußeren Autoritäten unabhängiges gemeinsames Handeln unter gleichberechtigten Verhältnissen. Das ist die Basis von »*Norðanpaunk*« (www.nordanpaunk.org).

© Joanna Pianka

Norðanpaunk ist ein sehr spezielles, nicht-kommerzielles Festival für Underground-Music, erfunden von Árni und seinen Freunden, die es seit inzwischen sieben Jahren in einem kleinen Ort im Nordwesten von Island veranstalten. »*Difficult people listen to good music; Good people listen to difficult music.*«, verkündet der Slogan. Das klare Ziel ist es, unbekannte, coole Bands sehr schräger, extremer Musik auf eine professionelle Bühne zu bekommen. Innerhalb von drei Festivaltagen spielen 50 bis 60 Bands vor ca. 500 Gästen. Die Besucher*innen übernehmen Mitverantwortung für das Gelingen des Norðanpaunk. Diese Tugend ist aus der Not heraus geboren. Das Festivalgebäude und der dazugehörige Campingplatz müssen sauber wieder übergeben werden, auch freiwillige Ordner, Küchenhilfen, Sanitäter*innen braucht es. Das schaffen nicht die 40 Aktiven, die die ganze Organisation stemmen und zum Teil selbst Musik machen. Beim Eingang verteilt jemand To-Do-Listen. Und inzwischen – ca. ab dem dritten Jahr – funktioniert es: Leute, die das Festival lieben, übernehmen gerne Aufgaben.

Eine Eintrittskarte für das Festival erwirbt man mit einer Jahresmitgliedschaft beim veranstaltenden Verein. Dafür sind dann alle vom Verein organisierten Konzerte und die Festival-Verpflegung frei. In einer Liste kreuzen die neuen Mitglieder an, wo sie bei Bedarf helfen können.

»Leute, die mitmachen, haben ganz unterschiedliche Motivationen, die aber in irgendeiner Weise zur Festival-Idee passen.«, sagt Árni. *»Sie haben viele Gründe, sich anzudocken: Weil ihnen die Musik gefällt oder weil sie irgendwie dabei sein wollen, weil sie die medizinische Versorgung der Szene sichern wollen oder weil sie die Festival-Gäste mit sensationell gutem, veganem Essen bekochen können … Oder sie wollen beweisen, dass ein Super-Festival auch ohne Gewinnabsichten, Sponsoren und Polizeipräsenz funktionieren kann.«*

Die unterschiedlichen Akteure bereichern das Festival. Aber es braucht dringend mindestens eine Person, die die verschiedenen Blickwinkel wahrnimmt, versteht und zwischen ihnen vermittelt. Denn die meisten Festivalgäste verstehen sich als Randgruppen mit sehr unterschiedlichen Ideologien. Konflikte sind da vorprogrammiert.

Árni, Gründer und maßgeblicher Organisator, vernetzt die Beteiligten mit viel Aufmerksamkeit. Er hält die Fäden zusammen und schafft es, neutrale Positionen einzunehmen und schwierige Situationen nicht persönlich zu nehmen. Das Vermitteln braucht vor allem Wertschätzung – zu allen Seiten. Árni nennt es ausgleichende Kommunikation und beschreibt seine Aufgabe mit dem einfachen Satz: *»Ich passe auf, dass es allen gut geht.«* Und was heißt das genau?

»Ich höre mir zum Beispiel die Meinungen und Kritiken an, lasse sie stehen ohne die andere Seite gleich in Schutz zu nehmen.« Auch wenn der vorgebrachte Einwand nachvollziehbar ist, braucht es manchmal ein paar Tage Zeit, um die Relevanz einzuschätzen. *»Sehen das jetzt wirklich viele so oder haben nur viele zugestimmt, weil es eine sehr laute Person vorgebracht hat? Was ist wirklich dran?«* Wenn alles gut läuft, können unterschiedliche Motive und Ideologien in den Hintergrund treten, weil deutlich wird, dass nur durch das Zutun aller das Festival möglich ist.

»Der Schlüssel zum Erfolg heißt Integration. Denn schließlich weiß niemand ganz genau, was die richtige, wahre Untergrundmusik ist.« Das macht Auseinandersetzungen zwar unausweichlich aber es ermöglicht überhaupt erst Begegnung und gemeinsame positive Erfahrungen von Menschen, die sich sonst aus dem Weg gehen.

Die Kerngruppe im Festivalprojekt besteht aus 10 bis 15 Leuten mit klaren Verantwortungen. Insgesamt ca. 40 mitbestimmende Teilnehmer*innen sind an dem Festivalwochenende dabei und auch mal punktuell in der Vorbereitung. Momentan arbeiten nur drei Personen daran, die Informationen im zweiten Corona-Jahr auf dem aktuellen Stand zu halten.

Alle haben ein Mitbestimmungsrecht, von dem nicht immer Gebrauch gemacht wird. Grundlage dafür ist ein sehr transparentes Kommunikationssystem. Diskussionen werden über Chats und Foren öffentlich geführt und können jederzeit kommentiert werden. So kommt das meiste Wissen zusammen. Selbst wenn das manchmal nervt und nicht jeder Kommentar hilfreich ist, garantiert diese Vorgehensweise, dass alle Beteiligten mitgenommen werden. Kommen keine Einwände, so bedeutet das Zustimmung.

Die letztgültigen Entscheidungen treffen jene, die für ihren jeweiligen Bereich Verantwortung übernommen haben und auch die Arbeit erledigen.

Sie müssen Einwände und Anregungen wahrnehmen und abwägen, müssen aber nicht danach entscheiden. Das funktioniert gut, so lange die getroffene Entscheidung gut begründet werden kann. Wird eine »*Solo-Show*« daraus, braucht es wieder die Vermittlung.

Beispielsweise stimmen alle Mitglieder jedes Jahr darüber ab, welche Bands gebucht werden sollen. Das Abstimmungsergebnis beeinflusst die Entscheidung, erzwingt sie aber nicht. Die Kerngruppe hat in dieser Frage das letzte Wort und kann eigene Kriterien geltend machen.

Natürlich! Auch bei Norðanpaunk gibt es reichlich Stoff für inhaltliche Auseinandersetzungen. Auch hier muss die Ausrichtung immer wieder neu diskutiert werden. Das ist anstrengend, schützt aber auch davor, dass dicker Staub die ursprünglichen Visionen vergessen lässt.

Nicht jeder Konflikt lässt sich lösen. Wenn die Positionen so verhärtet sind, dass ein Miteinander partout nicht möglich wird, dann trennen sich die Wege. Trotz all der klugen Umsicht im Miteinander sind auch im Festivalteam einige Leute ausgestiegen.

Inzwischen gibt es in Island ein kleines Nachahmungs-Festival und Árni fragt sich, warum die Leute jedes Jahr wieder zum selben Festival kommen sollten? Und wie lange er das Festival noch organisieren will? Seine ganz persönliche Motivation ist das Glück, dass er empfindet, wenn er an einem Wochenende im Jahr fast alle seine isländischen Freunde treffen und mit ihnen diese sehr spezielle Musik feiern kann. Aber vielleicht muss jetzt ein nächster Sprung kommen, vielleicht braucht es Innovation und auch wieder neue Visionen, damit es nicht langweilig wird – auch für die Macher*innen?

Klar ist, dass das Festival anders wird, wenn er loslässt und nicht mehr dabei ist. *»Das muss man dann auch aushalten können.«*

GESSIN – KULTUR IST GELEBTE NACHBARSCHAFT

16. – 19. August 2019

Unsere zweite Reise führt uns in die Mecklenburgische Schweiz nach Gessin. Mit seinen 65 Einwohner*innen ist es der kleinste Ort, den wir besuchen werden. Unser Tisch steckt zusammengeklappt in einem alten, frisch bemalten Pferdeanhänger, den wir in gemächlichem Tempo hinter uns her ziehen: Durch viele einsame Dörfer und schöne, alte Alleen. Und auch Ulrike ist dieses Mal dabei.

Direkt vor Gessin passieren wir Basedow: Ein herrschaftliches Gutsdorf mit imposantem, sanierungsbedürftigem Schloss und monumentalem Marstall. Entlang der Hauptstraße stehen erstaunlich viele repräsentative Gebäude, von denen die größten von privaten Investoren makellos restauriert und zu einem »*Farmer Hotel*«, einem »*Pub*« und einem »*Farmer Steakhouse*« umgebaut wurden. Wer auch immer die neuen Herren sind, die das Dorf in ihrem Sinne gestalten, die Vermarktung des Landlebens treibt hier bemerkenswerte Blüten.

Gessin gehört zur Gemeinde Basedow, doch zu unserer Erleichterung ist hier alles anders: Unaufgeregt und zurückhaltend reihen sich Höfe, Häuser und Weiher aneinander. Die kleine Kapelle zählt mehr als 600 Jahre und wurde in einer gemeinschaftlichen Aktion der Bewohner*innen saniert. Auch der Platz um die alte Dorfpumpe wurde gemeinsam gestaltet, dazu ein Spielplatz und eine Feuerstelle am Löschteich, eine Bank, auf die alle Bewohner*innen des Dorfes passen … »*Die Gemeinde mäht bei uns hier nur den Rasen*«, sagen die Leute vor Ort. Ansonsten regeln sie die Dinge selbst.

Zum Beispiel jedes Jahr zu Himmelfahrt: Da organisieren die Gessiner*innen den »*Boxenstopp*«, ein großes Fest, zu dem jährlich um die 800 Gäste anreisen. Fast das ganze Dorf ist eingebunden. Mehr als 20 Freunde von außerhalb helfen mit. Die »*Herrentags-Band*« aus dem Dorf sorgt lange Jahre für Live-Musik. Eine Woche später gibt es ein Dankeschön-Fest für alle Unterstützer*innen. Mit Grill und gemeinsamer Auswertung.

Gegenüber der Dorfpumpe liegt der Mittelhof: Einer der letzten Dreiseitenhöfe im Dorf und das Zentrum vieler Dorfaktivitäten. Seit 2003 wird der alte Pferdestall des Hofes nach und nach zum Dorfhaus ausgebaut und den Bedürfnissen immer wieder neu angepasst. Es wird betrieben und finanziert durch den Verein Mittelhof e.V., in dem etwa die Hälfte der Dorfbewohner*innen Mitglieder sind. Heute finden hier ca. 300 Veranstaltungen im Jahr statt, z.B. Mal- und Bewegungskurse, Spieleabende und ein wöchentliches Programmkino.

Guten-Tag-Sager, Schulter-Träger, Hut-Träger

Auf dem Mittelhof lebt die Familie von Maria und Bernd Kleist. Vor acht Generationen haben Marias Vorfahren diesen Hof errichtet. Bernd hat sich 1998 *»hierher verliebt«*. Jetzt betreiben er und Maria hier auch den Gessiner Dorfladen: Einen Naturkostladen mit Poststelle und Café. Das Sortiment lässt keine Wünsche offen. Es gibt einladende Tische und Stühle drinnen und draußen, am Nachmittag Kaffee und selbst gebackenen Kuchen.

Das Privat-Unternehmen Dorfladen reiht sich mit seinem Selbstverständnis nahtlos in die vielen Gemeinschaftsprojekte ein, in dem er alle *»mit Waren und Dienstleistungen des täglichen Bedarfs, mit Gastronomie, Kultur und Freundlichkeit«* versorgt. Bernd dirigiert uns nach unserer Ankunft an einen der langen Tische und setzt sich, wenn er nicht gerade Kundschaft bedient, mit zu uns. Auch Maria begrüßt uns freundlich und zugewandt und verschwindet immer wieder in unzähligen Alltagsaufgaben.

Bernd ist einer der unermüdlichen Ideengeber des Dorfes. Seine Leidenschaft ist es, Menschen zusammen zu bringen. Damit ist er auch einer der wichtigsten *»Guten-Tag-Sager«* von Gessin. *»Ein aktives Dorf braucht Guten-Tag-Sager, Schulter-Träger und Hut-Träger«* sagt er. Und gibt damit eine erste Antwort auf die Frage, die uns hier umtreibt: Wie schaffen es die Gessiner*innen, mit so wenigen Leuten langfristig immer wieder neue Ideen und Projekte zu entwickeln?

In Gessin hat noch keiner sein Land verkauft

Bernd führt uns ein in das Dorf und seine Geschichte. »*Gessin ist immer ein Bauerndorf gewesen und kein Gutsdorf*«, betont er. Das präge die Mentalität der Menschen. Die meisten Dörfer in Mecklenburg-Vorpommern hätten immer einen gehabt, der gesagt hat, wo es lang geht: Erst die Gutsherren, dann die Nazis, die Kommunisten und heute die Konzerne.

In Gessin dagegen waren schon vor 200 Jahren 13 gleichberechtigte Bauern für Schule, Kirche, Wege und Weiden gemeinsam unterhaltspflichtig. Dadurch hat soziale Verantwortung eine Tradition. Ab 1960 werden in Gessin die Bauern zwangskollektiviert, das Land geht an die LPG in Basedow und wird von dort aus bewirtschaftet. Nach der Wende übernehmen drei »*Wiedereinrichter*« die Höfe ihrer Eltern. Die anderen Zurückkehrer verpachten ihr Land an die jungen Landwirte. Gemeinsam handeln sie eine gute Aufteilung der Flächen aus. Während ringsum Investoren große Landstriche als Spekulationsobjekt aufkaufen, wird der Boden in Gessin bis heute von hiesigen Familienbetrieben bewirtschaftet. »*In Gessin hat noch niemand sein Land verkauft.*«, sagt man im Dorf stolz.

Mitmachen

Unser Mittagessen bekommen wir im Dorfhaus. Von Montag bis Freitag kocht hier seit 10 Jahren Beate Weißgerber, eine in Teilzeit angestellte Köchin. Wer zum Essen kommen will, muss sich bis 9 Uhr anmelden. Beates Handy liegt immer in der Fensterbank, nur da hat es Empfang. Die Mahlzeit kostet 4,50 Euro. Die Zutaten kommen aus dem Dorfladen oder von den Meck-Schweizern, einer genossenschaftlich organisierten regionalen Vermarktungsinitiative mit Sitz auf dem Mittelhof.

Heute gibt es für zwölf Leute reichlich Königsberger Klopse, Kapern werden extra gereicht. Auf dem langen Tisch steht in schön etikettierten Flaschen Gessiner Leitungswasser. Nach einer kürzlich durchgeführten Abstimmung soll es ab jetzt zwei bis dreimal die Woche vegetarisches Essen geben.

Wenn Beate Feierabend hat, ist die Küche eine »*Mit-Mach-Küche*« für alle und so eingerichtet, dass sich auch die Männer zurecht finden können. Das wird uns mit besonderem Blick auf die türlosen Schränke versichert. Nicht zuletzt, weil ein weiterer Höhepunkt im Gessiner Jahr der Internationale Frauentag ist, an dem die Männer für die Frauen ein Drei-Gänge-Menü zubereiten.

Es braucht kühles Bier und warme Füße.
Ansonsten – organisier' bloß nix!

Die Regeln für das Dorfhaus sind konsequent auf's Mit- und Selbermachen ausgelegt: Jeden Tag von 6 bis 22 Uhr sind die Haustüren offen. Ohne Kontrolle und mit großem Vertrauen in die Sorgfalt der Nutzer*innen stehen neben der Küche drei Räume von unterschiedlicher Größe allen zur Verfügung. Die Veranstaltungen organisieren jene, die einen eigenen Bedarf haben. Nichts wird vorgegeben. Über den frei zugänglichen Online-Kalender der Mecklenburger Tourismus-Plattform wird die Vielzahl der Angebote koordiniert. Die Nutzungsgebühren pro Kopf und Veranstaltung von 50 Cent sind ein kleiner Beitrag für die Nebenkosten.

Auch wir fühlen uns im Dorfhaus sofort zu Hause. Mit dem Vertrauen, das man uns entgegen bringt, bewegen wir uns ganz selbstverständlich im Dorf.

Ulrike und Barbara backen im Dorfhaus
Streuselkuchen mit Obst

500 g Mehl in eine Schüssel geben, in die Mitte eine Mulde drücken. Ein Päckchen frische Hefe in einer Tasse lauwarmen Wassers auflösen, in die Mulde geben. Einen Esslöffel Zucker darüber streuen und mit einem Handtuch bedeckt an einem warmen Ort 15 Minuten ruhen lassen. Die »gegangene« Hefemasse unter das Mehl heben, dann lauwarme Zutaten hinzu: Ein Ei, 100 g Margarine oder Butter, 60 g Honig oder Zucker, eine Prise Salz, soviel Wasser oder Milch, dass der Teig geschmeidig wird. Abdecken und gehen lassen. Nach 20 Minuten Teig auf einem warmen, gefetteten Ofenblech verteilen, wieder abdecken und gehen lassen.

Für die Streusel in der Zwischenzeit 450 g Mehl, 250 g Margarine oder Butter, 200 g Zucker oder Honig (Menge nach Geschmack) kneten und zu Streuseln verteilen. Zitronensaft und je nach Obstsorte Vanille oder Zimt dazu.

Fast jedes Obst ist als Belag geeignet: Sauber, ohne Saft, in mundgerechten Stücken und nicht zu kalt auf dem Hefeteig verteilen. Die Streusel drauf und bei 175 °C den Kuchen ca. 40 Minuten goldbraun backen.

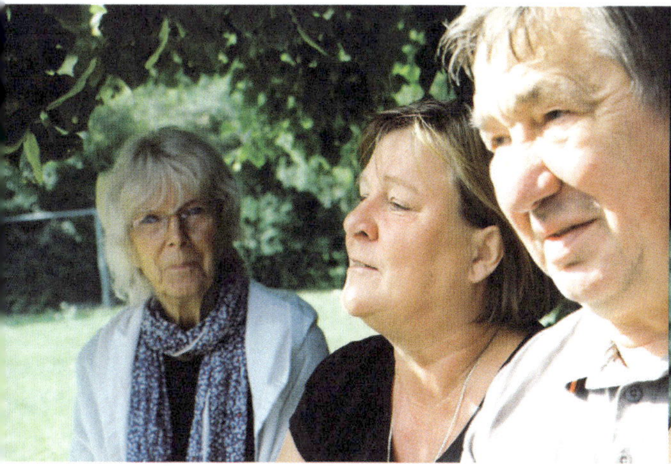

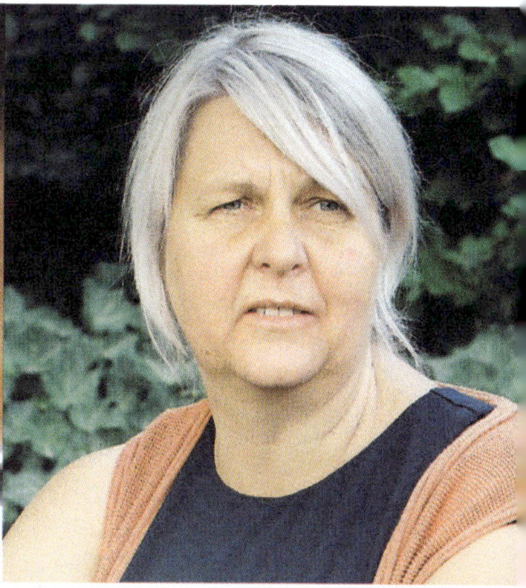

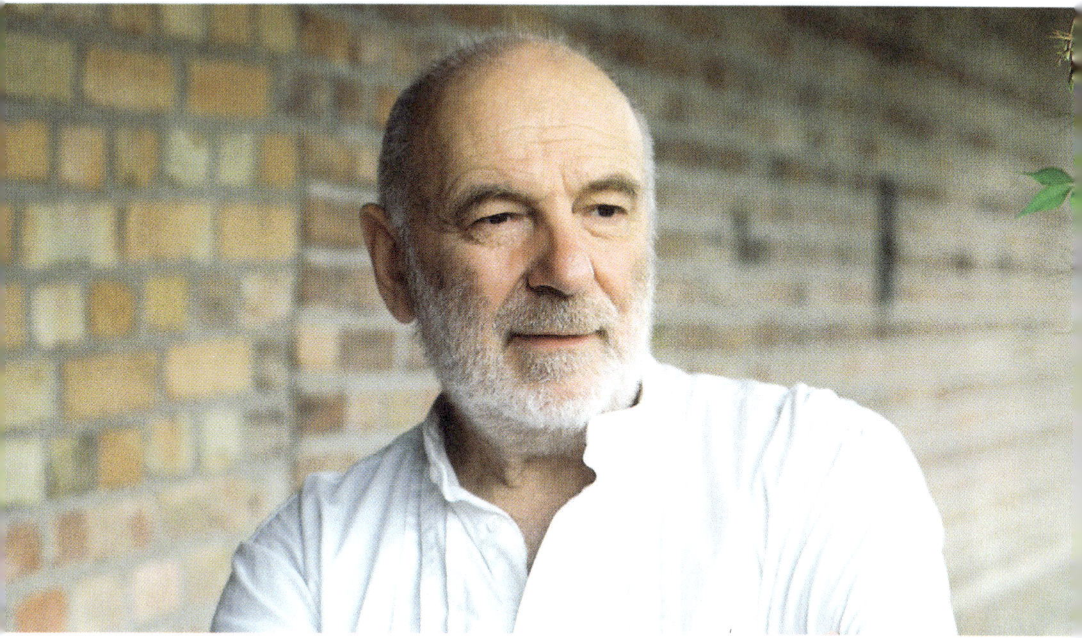

Dorfkultur

Unser Tisch macht sich gut auf dem sonnigen Platz an der Dorfpumpe. Es gibt unseren frisch gebackenen Kuchen, den Kaffee bringen die Gäste mit. Nach und nach trudeln von überall her freundliche Menschen ein, setzen sich zu uns und erzählen von ihrem Leben in Gessin. Drei Tage lang werden wir in wechselnden Konstellationen und an verschiedenen Tischen und Plätzen erfahren, wie dieses kleine Dorf »*tickt*«. Die Treffen brauchen keine Organisation, keine Anleitung, keine Moderation – nur unsere Fragen. Für die Gessiner*innen ist es offenbar ganz selbstverständlich, miteinander und übereinander in gegenseitiger Wertschätzung zu reden. Dabei kommen uns so viele kluge Rezepte für ein gutes nachbarschaftliches Zusammenleben zu Ohren, dass wir mit dem Schreiben kaum hinterherkommen.

In einer eiskalten Silvesternacht unter freiem Himmel gefror den Gessiner*innen das Bier in den Flaschen: Ein wärmerer Ort musste her! Sylke Buchfink, die auch die »*Hutträgerin*« für den Boxenstopp und zweite Vorsitzende im Dorfverein ist, erspähte den ehemaligen Pferdestall auf dem Mittelhof. Im folgenden Sommer wurde er vorerst mit einfachen Mitteln gemeinsam ausgebaut und bescherte bereits 2003 ein Silvester im Warmen. Und ab dann immer.

Sylkes Mann Dietmar fasst alle Veranstaltungen in einem wöchentlichen Mitteilungsblatt zusammen und kündigt dort auch das Essensangebot des Mittagstisches an. Als Zugabe gibt es guten Lesestoff: Ausschnitte aus dem Manuskript über die Kapelle von Pastor Eckart Hübener aus Rambow oder Wissenswertes über »*Bauernregeln*«, Heil- und Gewürzpflanzen. Das DIN-A4-Blatt verteilt Bernd mit dem Amtsblatt an alle Dorfbewohner*innen.

Dietmar ist in Gessin groß geworden, 1992 kam er nach der Au [...] Sylke zurück, beide haben sich hier ihr Haus gebaut. Sie fühlte [...] beim Umzug willkommen. Relativ viele Neue kamen zu dieser Z [...] hatten ähnliche Wellenlängen und haben sich gegenseitig unterstü [...] *ten Traditionen haben wir einfach mitgemacht. Wir sind zum Bei[...] zu den Geburtstagen gegangen, wie es im Dorf immer üblich war. Und wenn die Alten Geburtstag hatten, wollten sie keine Geschenke, sondern sagten: Bitte schenkt uns Geld. Das Geld haben sie dann für neue Fenster der Kirche gespendet o.ä..«*

In dieser Kultur war es leicht, sich selbst in die Gemeinschaft einzubringen. Lange bevor es das Dorfhaus gab, initiierte die *»junge Nachbarschaft«* **Veranstaltungen zum Erhalt der Kapelle,** *»Rock-am-Teich«*-**Konzerte, gemeinsame Liederabende u.v.m..** Heute ist die Zahl der Events übersichtlicher geworden: *»Wir sind etwas zu alt geworden für so viele Veranstaltungen«*, sagen Sylke und Dietmar. *»Die ersten Jahre waren wir jeden Abend im Dorfhaus. Wir mussten lernen: Man kann nicht an allem teilnehmen …«*

Auch Werkstattmeister Manfred Stern kam mit seiner jungen Familie fast zeitgleich hier an. Er und seine Frau haben vor 24 Jahren alle Gessiner*innen zum ersten Weihnachtsskat in ihre Garage eingeladen. Auch die *»Kiebitze«*, also jene, die gar kein Skat spielen konnten – und fast alle im Dorf sind gekommen. Der Weihnachtsskat wurde Tradition, heute wird im Dorfhaus gespielt. Für Manfred sind die Treffen mit den Nachbarn Lebenselexier: *»Jeder Abend, an dem man nicht fernsehen muss, ist ein gewonnener Abend!«*

Aus ihm sprudeln die Geschichten von vielen freiwilligen Einsätzen, bei denen unter anderem sein handwerkliches Können gefragt war. In der Regel arbeiten alle ehrenamtlich und umsonst. Bei einer Aufräumaktion am Friedhof gab es aber einen kleinen Lohn: *»Da bin ich zum Fischer gefahren, habe Forellen gekauft, die habe ich geräuchert und an alle verteilt, die mitgemacht haben. Das ist nur ein Beispiel von mir. So tickt das Dorf hier, so funktioniert das.«*

Doch das Problem, »*das wir alle alt werden*« treibt auch Manfred um. »*Selbst das Brennholz machen für den Holzvergaserofen im Dorfhaus geht nicht mehr. Jüngere Leute braucht es, die langsam die Arbeit im Dorf übernehmen.*« Die eigenen Kinder sind weg, weil es damals in der Region keine Arbeit gab mit vernünftiger Bezahlung. »*Und mit Haus und Kind und Frau und einer guten Stellung als Lehrer in Köln, da kommst Du nicht wieder zurück.*«

Dafür werden demnächst Juan Cabrera und seine Frau Hanka kommen. Juan hat kubanische Wurzeln, lebt und arbeitet seit Jahrzehnten als IT-Fachmann in Deutschland. Die beiden renovieren gerade das Haus neben dem Mittelhof. Juan klettert in einer Arbeitspause vom Dach, setzt sich zu uns und erzählt. »*Es ist das Ambiente, wie die Menschen sich hier in die Augen schauen, sich mit einem Lächeln begegnen. Und wenn Du Bauchschmerzen hast, kriegst du Medizin dazu und wenn du lachen willst, dann lachen alle mit.*« Juan und Hanka sind noch nicht ganz umgezogen aber sie sind längst Teil der lebendigen Nachbarschaft. Juan vergleicht das Leben in Gessin mit dem in der Stadt. »*Da ist Anonymität: Ich mische mich nicht in deine Probleme, und du mischst dich nicht in meine – aber dann entsteht da gar nichts, da ist keine Beziehung. Und hier ist es anders herum. Es gibt einem Kraft, irgendwo reinzuziehen, wo man gut angenommen wird.*«

Als die Rede darauf kommt, dass laute Veranstaltungen hier spätestens Mitternacht enden, um die Nachbarn nicht über Gebühr zu belasten, fügt er hinzu: »*Das ist die Balance von Toleranz und Rücksicht, die hier eine Rolle spielt. Jeder bringt sich ein, jeder nimmt Rücksicht auf die Meinung der anderen und man versucht, einen Konsens zu finden. Das Gegenteil ist der Egoismus, da habe ich meine Meinung und die halte ich fest. Und dann entstehen die Differenzen, wo die Leute auseinander gehen.*«

Helga und Hanning, ein Paar um die 80, genießen das Gessiner Leben in vollen Zügen. Hanning findet: »*In Gessin zu wohnen ist besser als ein Sechser im Lotto.*« Er ist acht Jahre lang auf einem Bauernhof groß geworden, später hat es ihn als Lehrer nach Malchin verschlagen, und seit 20 Jahren lebt er mit Helga hier im Dorf. »*Nach zehn Jahren konnte ich sagen, ich bin ein Gessiner! Wir leben wieder auf einem Hof, haben eine Katze, die Hühner vom Nachbarn kommen zu Besuch …*« Helga liebt Gessin, »*weil es Geborgenheit gibt, weil hier liebe Menschen sind über die ich mich freue, wenn ich sie sehe.*« Und weil Gessin ein Ort ist, wo getanzt wird. Zum Beispiel jeden Mittwoch Abend im Dorfhaus, nur für Frauen. Aber auch auf der Straße! »*Das war bei Festen am Teich und zur Einweihung der Drei-Schwestern-Allee so. Und dass, wenn ich als Achtzigjährige hier tanze, keiner sagt: Na, die Alte, die hat's ja wohl am Kopp!*«

Die, die da sind, sind immer die Richtigen

»Für uns selber sind inzwischen die kleinen Treffen eigentlich wichtiger, wo wir unter uns sind«, erzählt Sylke. *»Sonstige Veranstaltungen im Dorfhaus werden offiziell bekannt gemacht (in der Zeitung und per Mail) und da kommt viel von außerhalb. Aber wir haben gesagt, wir müssen auch Sachen haben, die wir nur für uns machen.«*

Dieses Bedürfnis nehmen sie ernst: Jetzt kümmern sich zwei Frauen um kleine, unkomplizierte Nachbarschaftstreffen, die unter anderem über eine Whatsapp-Gruppe kommuniziert werden. Dennoch ist es nicht die alleinige Zuständigkeit der beiden, spontane Einladungen von allen Seiten sind weiterhin wichtig.

»Im Moment sind die Frauen wirklich dabei, dass die sich 'ne Flasche Wein nehmen und sich da unten an den Teich setzen«, sagt Manfred. *»Einmal in der Woche und dann quatschen sie über alles.«* *»So wie die Männer montags mit Billard und Bier,«* wirft Hanning ein. *»Da treffen sich die, die Lust und Zeit haben. Wer nicht kommt, hat was anderes vor, da wird nicht gewertet. Wichtig ist, dass man nicht verpflichtet wird, irgendetwas zu tun.«,* erklärt Maria.

Am Anfang haben alle ganz viele Sachen immer gemeinsam gemacht. Aber das Kinoprogramm zum Beispiel war nicht für jeden Geschmack – *»dann sollten das mehr lustige Filme sein, dann haben wir mehr lustige Filme gemacht, dann kamen die aber nicht, die lustige Filme wollten … Das ist alles ein dynamischer Prozess und man muss gucken, was passt.«,* sagt Maria. *»Dietmar und Sylke hatten zum Beispiel viele Jahre einen schönen Singe-Abend gemacht und das war*

dann auch irgendwann vorbei.« *»Man kann nicht alles als Tradition jahrzehntelang fortführen«,* sagt Sylke. *»Es gibt für alles seine Zeit: Das haben wir gemacht, das war gut. Und jetzt machen wir was Neues.«*

»Und irgendwann«, erzählt Maria, *»haben wir diesen wunderbaren Satz ge-lernt: Die die da sind, sind immer die Richtigen! – Das ist so schön, das hat uns selber die Last genommen! Weil wir uns am Anfang immer gefragt haben, warum kommen die nicht und hoffentlich kommt jemand … und dieser Satz war dann so befreiend!«*

Dann ist das eben so

Wir fragen, ob es immer so friedlich und harmonisch war in Gessin und lang-sam und über Schleifen kommen Geschichten zutage, die dieses Dorf auch geteilt haben.

»Am Anfang sahen wir aus wie eine homogene Gruppe«. erzählt Helga. *»Bis auf ein paar Individualisten waren alle mit dabei. Und dann kam so ein Einbruch, wo sich viele abspalteten.«* Und plötzlich gab es Gerede und Neid und Ver-leumdungen, die das Dorf entzweiten. Am Schlimmsten traf es Maria und Bernd, denen vorgeworfen wurde, sich am Dorfhaus zu bereichern. Bernd hat daraufhin die gesamte Buchhaltung offen ins Internet gestellt. Maria lud die Person, die das Gerücht streute, zu einem Gespräch und bat sie, sich die Buch-haltung selbst anzusehen. *»Das ist jetzt schon 15 Jahre her. Sie ist nicht vorbei gekommen.«*

Helga seufzt: *»Das waren Gessiner, die auch vorher mit am Tresen geholfen ha-ben und mit aufgebaut haben. Ein böses Gerücht hat eine unglaubliche Schlag-kraft und viele Menschen sind bereit, das aufzunehmen. Und dann kann man irgendwann einfach nur sagen, dann ist das eben so. Und wir wollen mal gucken: Sind da noch genug, die übrig bleiben?«*

Helga fand die Trennung der Gruppe belastend aber am Ende befreiend. *»Es kamen weniger Leute, aber es kamen Leute und du hast gemerkt, wer meint es ehrlich und dann war es plötzlich wie ein Aufatmen.«* Dann fügt sie noch hinzu: *»Also ich geh auf alle zu. Aber distanziert freundlich.«*

Herzensbildung

Kathrin Wetzel ist Bildhauerin, Mutter von sieben Kindern und mit »*Bauer Bernd*«, einem der drei Wiedereinrichter, verheiratet. Kathrin und Bernd nehmen sich viel Zeit für unsere Gesprächsrunde an der Dorfpumpe. »*Es ist wichtig, dass ich keine feindselige Einstellung habe zu den anderen, sondern einen freundlichen Draufblick auch auf Dinge, die mir nicht gefallen*«, sagt Kathrin.

Sie ist öfter mal zu Bernd Kleist gegangen, wenn sie nicht wusste, wie sie mit einer Auseinandersetzung umgehen sollte. »*Bernd hat irgendwie so eine besondere Art, einfach mal aus einer anderen Richtung zu gucken. Und dann sagt er: ‚Mach das doch so und so.' Dann denk ich: ‚Jo, geht ja auch!' Und eigentlich brauch ich auch nicht immer handeln! Sondern das wirklich lassen und kein Drama draus machen. Deswegen sage ich das auch so: Man muss nicht immer aus allem eine Geschichte machen! Das habe ich eigentlich von Bernd gelernt. Es ist eine große Hilfe, dass wir auch viel voneinander lernen, wie wir miteinander umgehen. Die hohe Kunst ist auch, dass man vieles nicht persönlich nimmt. Auch, wenn man verbal beleidigt wird. Das ist das Schwerste. Aber das muss man üben.*«, sagt Kathrin. »*Die Probleme bei dem anderen lassen.*«

Kathrin versucht gerade, sich auf eine neue Lebensphase ohne kleine Kinder zu konzentrieren. Sie schätzt den Rückzug, die Zeit mit sich selbst und weiß, dass das auch für die Gemeinschaft wichtig ist. »*Ich hab auch regelmäßig Phasen, wo mir vieles auf den Nerv geht*«, erklärt sie. »*Wenn man dafür nicht verurteilt wird, ist das sehr schön, dann kann man auch wieder zurückkommen.*«

»*Und das man sich Freundlichkeit gibt, das finde ich auch wichtig im Zusammenleben!*«, sagt Helga. »*Das man den anderen sieht und sagen kann: Das sieht aber gut aus! Das wir einander loben können. Das bedeutet: Ich seh den anderen und kann ohne Neid sagen, was mir gefällt.*«

Und dann sagt Helga dieses schöne Wort, dass so vieles fassen kann: *»Herzens-bildung.«* Sie erklärt: *»Ich kenne hier eine Reihe Leute, von denen ich das sagen würde. Dass man einfach in der Lage ist, andere Leute zu akzeptieren und mit ihnen zu leben und sie zu lassen. Das ist wie in der Ehe, das ist ja auch ein Prozess, bis man begreift, dass jeder anders ist und dass man erst dann glücklich und zufrieden sein kann, wenn man genommen wird, wie man ist …*
Du machst ja den anderen unglücklich, wenn du ihn immer in Frage stellst. Und dieses Nicht-in-Frage-gestellt-zu-werden, ich finde, das ist das größte Glück auf Erden. Und wenn man das an sich erlebt, ist man verdammt dazu verpflichtet, das auch für den anderen zu machen.«

Auch mit Förderung wird es schwer

Bernd und Maria haben lange Jahre in der Verwaltung in Malchin gearbeitet, Bernd in der Wirtschaftsförderung. Mit ihren Kenntnissen haben sie für fast jedes Dorfprojekt erfolgreich Fördergelder beantragt. Aber manchmal ist das auch für sie alles andere als einfach. Auch ihr Dorfladen-Projekt wurde gefördert. *»Du musst ja ALLES vorfinanzieren«*, erklärt Maria und beklagt die komplizierten Fördermechanismen. *»Das können sich eigentlich nur Leute leisten, die ausreichend Geld haben um Profis zu beschäftigen, die ihnen das Projekt stricken. Und die genug Geld haben, um das alles vorzufinanzieren und dann nachher einsammeln können. Für kleine Leute wie uns ist das hammeranstrengend.«*

Die Kleists hatten glücklicherweise viel Unterstützung durch Freunde und Familie. Aber *»im Grunde sind die Förderbedingungen nur aushaltbar für Leute, die eigentlich keine Förderung brauchen.«* fasst Bernd ein Problem zusammen, das sich wie ein roter Faden durch unsere Reise zieht.

Das Wichtigste ist, erkannt zu werden

Am letzten Tag treffen wir enge Freunde des Dorfes: Brigitte Härtfelder und Eckart Hübener. Nach einem bunten Frühstück mit vielen anderen sitzen wir noch lange mit ihnen am Gartentisch. Immer mal wieder setzen sich Leute dazu, reden mit und gehen wieder. Brigitte sagt es so: »*Hier kannst du immer herkommen, irgendwen triffst du immer. Bernd macht das auch so gut, dass wenn an dem Tisch zwei sitzen und an dem Tisch drei, dann sagt er: Ach, setzt euch doch zusammen und dann stellt er die Leute auch so nett vor, dass du neugierig wirst …*«

Eckart und Brigitte leben im benachbarten Rambow. Eckart war Pfarrer, Brigitte war lange Zeit Schulleiterin und Politikerin in Franken. Beide verbindet auch große Leidenschaft für gesellschaftspolitische Entwicklungen. Unser Gespräch führt uns schon bald heraus aus dem Mikrokosmos des kleinen Dorfes hinein in weite politische Strukturen. Wie in allen Dörfern, die wir besuchen, trifft auch Gessin eine immer stärker werdende Zentralisierung, durch die der Handlungsspielraum der kleinen Kommunen abnimmt.

Gessin ist ein Teil der Gemeinde Basedow. Basedow wiederum ist dem Amt Malchin zugeteilt, das Amt gehört zum Landkreis Mecklenburgische Seenplatte mit Verwaltungssitz im 50 Kilometer entfernten Neubrandenburg. Mit dem öffentlichen Nahverkehr ist das Bürgerzentrum in Neubrandenburg von Gessin aus nicht an einem Tag zu erreichen.

»*Das Zusammenfügen von Kreisen hat sich als ein teueres Verfahren mit geringem Erfolg herausgestellt.*« sagt Eckart. »*Es gibt Bereiche in der Verwaltung, da brauchst du Ortskenntnis und du brauchst Partner vor Ort und wenn du das zu stark zentralisierst, dann verlierst du die sachgerechte Kontrolle. Und wenn du Bürgersprechstunden nur noch in Neubrandenburg einrichtest, dann ist was schief gelaufen.*«

Brigitte sieht die Grenze von Zentralisierung immer dort, »*wo es um Dienstleistung geht. Dann geht das nicht. Dienstleistung ist Dienst von Menschen am Menschen.*« Für sie als Schulleiterin war es das Wichtigste, dass ihre Schüler*innen sich gesehen fühlen und »*erkannt*« werden. Das ist in einer zentralisierten Schule mit tausend Schüler*innen nicht mehr möglich. »*Und dieses Gesehen-Werden, das gibt's beim Arzt nicht mehr, in der Klinik nicht mehr, auf dem Amt nicht mehr, es gibt keine Dorfläden mehr, wo du mal was anschreiben lassen kannst – es gibt nur noch Aldi, Lidl & Co. … ich glaube, dieses ,Ich werde nicht mehr gesehen!' ist das, was einsam macht.*«

»*Soziales und Gemeindeleben*«, sagt Eckart weiter, »*das muss mit Personen vor Ort geschehen, das kann nicht zentralisiert werden.*« Denn jede Region hat ihre besonderen Bedingungen, die man erstmal herausfinden muss. Und vertreten können diese Interessen nur jene, die sich mit ihr verbunden fühlen. **Um die Verödung ganzer Regionen zu verhindern, braucht es einen Umdenkprozess und dezentrale Strukturen. Diese müssen das Bedürfnis der Bürger*innen ermöglichen, ihre Interessen selbst zu vertreten.**  »***Zu denken, dass die Zentrale einen idealen Blickwinkel hat, ist historisch so tief in uns drin, dass wir immer wieder bereit sein müssen zu sagen: Nein, das kann nicht sein!***«

»*Aber jemandem die Verantwortung zu überlassen ist auch bequem, weil ich nicht nur keine Arbeit damit habe sondern auch nicht schuld bin, wenn es schief geht.*«, sagt Bernd. Eckart erwidert vehement: »***Schuld ist hier fehl am Platz! Verantwortung braucht das Recht zum Scheitern. Erfolg ist ja auch: Verantwortung wahrzunehmen, politisch zu werden, sich zu vernetzen. Das ist ja unbezahlbar. Menschliche Erfolge sind Lern- und Wachstumserfolge, und die sind selten finanziell darstellbar.***«

Und so endet unser Gessin-Besuch so, wie er angefangen hat: Als ein immer wieder sich entspinnender Gedankenaustausch. Mit verschiedenen Menschen, mit leichten und mit schweren Themen. Es ist, als könnten wir unsere Gesprächsfäden getrost an den vielen einladenden Tischen, Bänken, Plätzen liegen lassen. Niemand wird sie wegräumen. Wenn es passt, können wir sie jederzeit wieder aufnehmen.

Fast zwei Jahre später ...

In einem Telefonat mit Bernd Kleist im Sommer 2021 erfahren wir, dass eines der Kinder von Maria und Bernd samt Familie zurückgekehrt ist auf den Mittelhof. In den Fußstapfen der Eltern setzen sie ihre Ideen um: Ein Umwelt-Bildungsträger entsteht mit Lehr- und Bildungsgarten für Permakultur.

Das Dorf verfügt inzwischen über einen für alle zugänglichen, behindertengerechten Elektro-Kleinbus.

Das fröhliche Projekt aus 2019 / 2020 »*Ein Dorf speckt ab*« hinterließ zwei neue Gymnastikgruppen.

Das Unternehmen Meck-Schweizer zur Vermarktung regionaler Waren wurde weiter ausgebaut; ein Führungswechsel, der Bernd entlastet, steht an. Und auch die Arbeit im Laden wird – abgesehen von der Urlaubssaison – schon viel ruhiger. Eine angestellte Mitarbeiterin übernimmt große Teile der Arbeit. Die Buchführung liegt noch auf Bernds Schreibtisch und an den Samstagen trifft man ihn und Maria noch hinter dem Ladentisch.

Bernds Stimme klingt zwar nicht so, als ob es jetzt schon deutlich entspannter ist, aber die Weichen sind gestellt auf weniger Pflicht und noch mehr Lust. Wie zum Beispiel für den Winter-Einsatz der Männer, »*trotz der alten Knochen*« noch einen neuen Steg zu bauen für den Teich. »*Da fühlt man sich dann nochmal wie little King Kong.*«, lacht Bernd ins Telefon.

GNISSAU –
DAS ROLLENDE
DORFZENTRUM

30. August – 01. September 2019

Ein Thema, das das Dorf bewegt

Am 30. August machen wir uns auf den Weg nach Gnissau in Schleswig-Holstein. Hier gibt es schon lange keinen Laden mehr, kein Gasthaus, keinen Ort, wo man sich zum Feiern oder zum Klönen treffen kann. Auch zur Übernachtung fahren wir in ein Nachbardorf – dort gibt es noch ein Hotel.

2013 bildet sich in Gnissau eine Initiative, die sich für den Bau eines Dorfgemeinschaftshauses einsetzt. Doch bis heute ist aus all den Plänen, die sich im Laufe der Jahre entwickelt haben, nichts geworden. Aber die erste Idee, die die Gnissauer*innen damals aus der Not heraus verwirklicht haben, hat überdauert: Das »*Rollende Dorfzentrum*«. Das klingt fröhlich und phantasievoll. Wir wollen wissen, was es damit auf sich hat und möchten verstehen, woran der große Plan dahinter bisher gescheitert ist.

Unser Kontakt ins Dorf läuft über Karina Lund. Karina ist Architektin, in Gnissau aufgewachsen und war fünf Jahre lang Dorfvorsteherin. 2013 hat sie die »*Projektgruppe Dorfzentrum*« initiiert und lud viele verschiedene Leute ein, Ideen mitzuentwickeln.

Die Projektgruppe – am Anfang 10 bis 15 Leute stark – ist inzwischen etwas geschrumpft. Beim ersten Telefonat skizziert Karina die derzeitige Stimmungslage: Eigentlich sei die Luft raus, sagt sie. Der Frust werde verstärkt durch permanente Zeitnot bei den Aktiven und mangelnden Informationsfluss untereinander. Trotzdem kommen immer noch 8 bis 10 Leute regelmäßig einmal im Monat um 19:30 Uhr ins Pastorat, wo die Kirchengemeinde ihnen einen Raum zur Verfügung gestellt hat. Aufgeben wollen sie ihr großes Ziel auf keinen Fall.

Das liegt vielleicht auch daran, dass die Gnissauer*innen von Anfang an diese fröhliche und beeindruckende Lösung gefunden haben, mit der sie ihre kleine Bewegung zusammen halten und schon jetzt Gemeinschaft im Dorf stiften – auch ohne ein festes Gebäude:

Das Rollende Dorfzentrum: Ein umgebauter Bauwagen, der in den Sommermonaten durchs Dorf gezogen wird – ein provisorischer Ort zum Feiern und Zusammensein und gleichzeitig ein mahnendes Symbol für das, was noch immer fehlt. Im Inneren gibt es Getränke zum Selbstkostenpreis, drum herum vielleicht Stühle, Tische, Strohballen – was der jeweilige Ort eben so hergibt. Jede Idee ist willkommen, und alle aus dem Dorf sind eingeladen. Die monatlichen Treffen am Bauwagen sind unterschiedlich gut besucht. Bei Klönschnacks haben sie schon mal zu fünft gesessen aber bei der »Karibischen Nacht« waren es fast 80 Leute.

Der Bauwagen ist Bestandteil des Dorflebens geworden, so dass inzwischen niemand mehr auf ihn verzichten möchte. Zeit also für einen neuen Farbanstrich, findet Karina, und nimmt unseren Besuch zum Anlass für eine Renovierungsaktion. Wir helfen beim Streichen und sind zu Gast bei einem fröhlichen Spätsommer-Treff mit dem »Rollenden Dorfzentrum« auf dem frisch gemähten Feld. Wir treffen uns zu Gesprächen mit den Aktiven der Gruppe, mit Vertreter*innen der Kirchengemeinde, die ebenfalls ein Dorfgemeinschaftshaus bauen will, mit vielen interessierten Dorfbewohner*innen und mit einem Vertreter der politischen Gemeinde. Unser Tisch ist immer dabei – an ihm wird gearbeitet, diskutiert und gegessen: Flammkuchen aus einem selbstgebauten Holzofen oder die Champignonpfanne, die bei Dorffesten zubereitet wird. Und überall kommen viele Menschen sehr unterschiedlichen Alters zusammen um mit uns zu reden. Immer fühlen wir uns außergewöhnlich herzlich aufgenommen und umsorgt. Das Dorfhaus ist tatsächlich ein Thema, welches das Dorf bewegt.

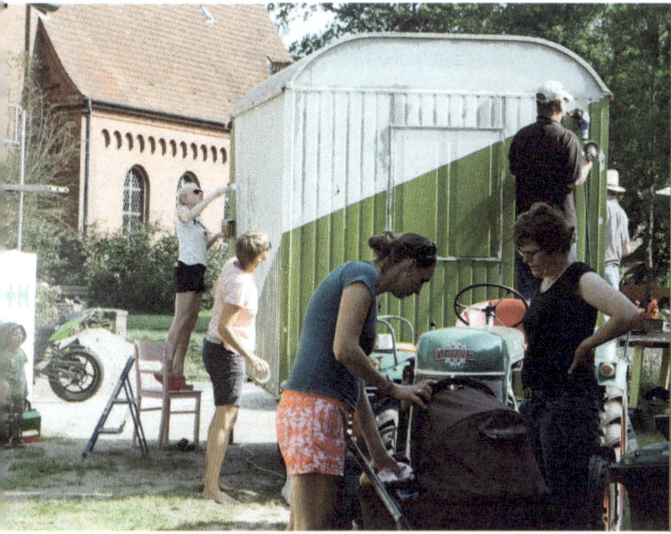

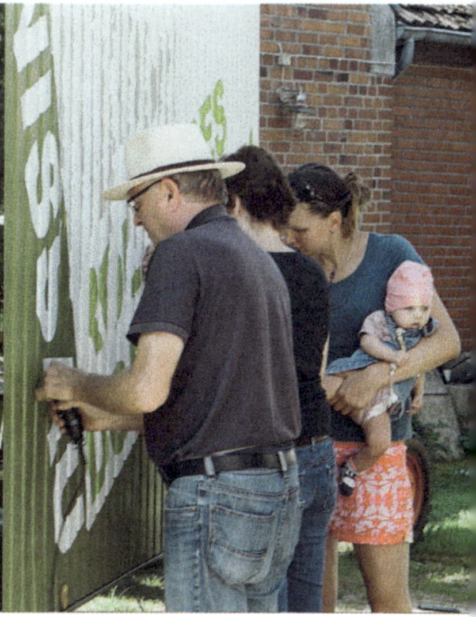

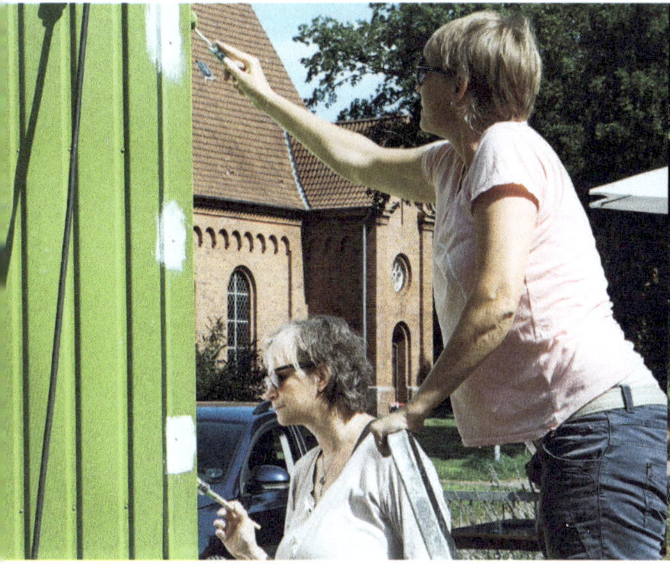

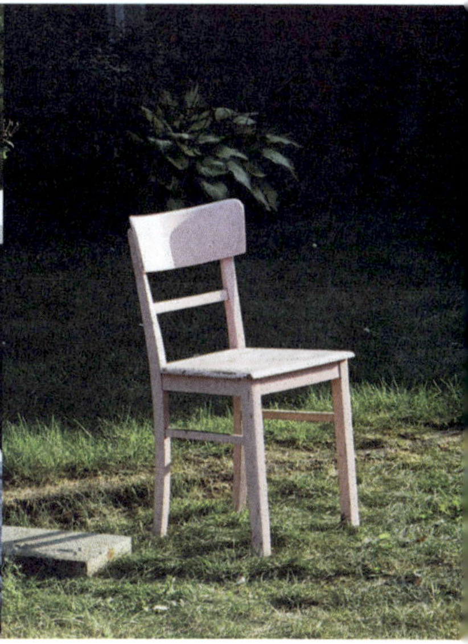

Ein Dorf ist eine ganze Menge Beziehung

Zu Karinas Mitstreiter*innen gehört Conny Christiansen, Seifensiederin, seit sechs Jahren selbständig. Sie hat vorher im Vertrieb, Verkauf, Finanzen, Controlling gearbeitet, ist Vorsitzende vom Förderverein Dorfzentrum und gleichzeitig Mitglied im Kulturverein. Die dritte im Bunde ist Antje Rahlf, Therapieassistentin und Mitglied im Dorfvorstand. In Karinas Garten treffen wir die drei zu einem Gespräch.

Conny: »*Ich bin in einem kleinen 200 Seelen-Dorf groß geworden, mein Vater war der Bäcker dort und ich habe als Kind schon gelernt, dass dort eine ganze Menge an gegenseitiger Hilfe, Austausch, also Beziehung war. Unsere Nachbarsfrau ist für mich meine Zweitmama, so bezeichne ich sie immer noch. Ich hab dann fast 20 Jahre in Lübeck gewohnt und wusste, das ist etwas, was ich nicht auf Dauer will. Ich möchte die Leute um mich herum kennen.*«

Antje: »*Ich bin auf einem alleinstehenden Bauernhof groß geworden, aber wir hatten immer viele Kinder auf dem Hof. Wenn Erntezeit war, war da immer viel los, und von daher findet man das vielleicht auch gut, mit mehreren Charakteren zusammen zu sein.*«

Karina: »*Ich bin hier aufgewachsen. Ich war zwischendurch mal zehn Jahre weg, dann bin ich wieder hierher gekommen, dann wieder drei Jahre weg und wieder hierhergekommen. Also es ist schon irgendwie meine Heimat, trotzdem habe ich jedes Mal, wenn ich zurückkam, gemerkt, dass sich das Dorf verändert hat. Ich lebe immer noch ganz gerne hier. Aber es verändert sich die Perspektive auf das Dorf durch das Weggehen.*

Wir wollen etwas schaffen, was für alle da ist

Karina: »*Die Feuerwehrleute zum Beispiel, die sind sehr rege und machen viel miteinander, ich glaube, die hatten nie das Gefühl, dass ihnen etwas fehlt. Aber andere, die nicht zur Feuerwehr gehören, die haben das schon gespürt.*

Man weiß eigentlich nicht mehr so genau: Was machen die anderen? Was treibt die gerade um, was ist los? Auch wenn jemand stirbt, da gehen um 10 Uhr die Totenglocken, dann weißt du, aha, es ist jemand gestorben, aber du erfährst nicht mehr, wer. Es findet so eine gewisse Vereinzelung statt. Fast alle arbeiten außerhalb, fahren morgens los und kommen abends wieder. Früher war der Dunstkreis das Dorf, heute ist man viel mobiler und internationaler ausgerichtet, das Dorf spielt vielleicht gar nicht mehr so die Rolle für einige. Es ist sehr unterschiedlich, es gibt Leute die es vermissen, es gibt Leute, die es überhaupt nicht vermissen, weil die ganz woanders Zuhause sind.«

Was ist mit dem Rollenden Dorfzentrum jetzt anders?

Karina überlegt: »*Es macht Spaß, zu sehen, was man gemeinsam kreiert hat, und natürlich hat man auch andere Leute kennengelernt über diese Arbeit. Und durch das Rollende Dorfzentrum ist definitiv mehr Kontakt da. Das Rollende Dorfzentrum hat seinen Zweck schon erfüllt. Als Interimslösung. Nicht nur als Notlösung. Im Winter fehlt uns der Raum. Aber es ist tatsächlich eine Lösung.*«

Antje: »*Ich bin ja mit den Kindern hineingewachsen ins Dorfleben, der eine ist im Sportverein, der andere in der Feuerwehr. Das sind Gruppen, die so – statisch sind, wollen wir mal sagen, und dann kam die Idee mit dem Rollenden Dorfzentrum. Ich finde das für ein Dorf total schön, dass eben alle kommen können, dass man nicht sagt, du und du nicht. Dass man keinen ausgrenzt. Es kommen natürlich mal mehr, mal weniger, aber es ist keine Clique. Das finde ich super.*«

Das gemeinsame Essen und Feiern ist in Gnissau ein Kernbestandteil der Initiative. Vielleicht hätten sie sonst den langen Weg gar nicht durchgehalten, der hinter ihnen liegt.

Flammkuchen

Aus 500 g Mehl*, Salz, 3 Esslöffeln Öl und Wasser einen Teig kneten, bis dieser nicht mehr an den Händen kleben bleibt. Mindestens 30 Minuten ruhen lassen.

500 g Schmand glatt rühren, mit Salz, Pfeffer und Muskat würzen. 500 g Zwiebeln in feine Scheiben hobeln.

Den Teig auf einer mit Mehl bestäubten Arbeitsfläche hauchdünn ausrollen. Auf Backblech / Backstein legen und mit Schmand bestreichen, mit Zwiebeln, 125 g geräuchertem Speck oder Tofu, 50 g gehackten Wallnüssen und frischem Basilikum bestreuen.

Bei mindestens 200 °C 10 bis 20 Minuten backen.

Champignonpfanne

500 g frische Champignons* putzen und halbieren. Mit einer großen, fein geschnittenen Zwiebel in Öl goldbraun anbraten. 200 g Schmand oder Sahne und ein Bund klein gehackte Petersilie dazu geben. Mit Salz und Pfeffer abschmecken. Frisches Brot dazu.

*Zutaten für kleine Treffen.
Bei mehr Andrang einfach vervielfachen …

Hürden und Herausforderungen

Ein Gemeinschaftshaus ist, wie wir in Wartenburg und Gessin erlebt haben, ein wesentlicher Baustein für ein lebendiges Dorfleben. Warum ist es in Gnissau so schwer, so einen Ort zu schaffen? Die Geschichte, die wir hier hören werden, ist vielleicht symptomatisch für die Hürden und Herausforderungen, die viele Dorfinitiativen meistern müssen.

Man muss durch die Politik durch

Gnissau ist Teil der Gemeinde Ahrensbök, insgesamt leben hier rund 8.000 Einwohner*innen. Im Hauptort Ahrensbök wohnt ca. die Hälfte davon, die andere Hälfte verteilt sich auf 18 kleinere Dorfschaften, von denen Gnissau mit rund 800 Bewohner*innen die größte ist. Die Gemeinde Ahrensbök hat einen hauptamtlichen Bürgermeister, der die Verwaltung leitet. Die Entscheidungen trifft der Gemeinderat, der alle fünf Jahre gewählt wird. Er besteht zurzeit aus 22 Männern und Frauen. Jedes Dorf hat zusätzlich einen vom Dorf gewählten Dorfvorstand. Die Anzahl der Mitglieder im Dorfvorstand ist abhängig von der Dorfgröße, in Gnissau sind es fünf. Der Dorfvorstand hat im Gemeinderat ein Rederecht, aber kein Stimmrecht.

Und er hat ein verschwindend geringes Budget, über dass er selbstständig verfügen kann: In Gnissau sind es jährlich rund 1.500 Euro (monatlich können durchschnittlich 125 Euro für die Belange des Dorfes ausgegeben werden. Oder jährlich 1,87 Euro pro Einwohner*in). Bei allem, was das eigene Budget übersteigt – erst recht bei einem so großen Vorhaben wie einem Dorfzentrum – muss der Dorfvorstand bzw. die Initiative den Gemeinderat überzeugen. »*Man muss durch die Politik durch*«, so knapp bringt der jetzige Dorfvorstand Steffen Lorenz und 2. Vorsitzender des Fördervereins diese Herausforderung auf den Punkt. Das ist, wie wir später genauer erfahren werden, angesichts notorisch knapper Kassen kein leichtes Spiel. Vor mehr als vier Jahren gelang der Gnissauer Projektgruppe aber genau das, und damit hatte die Geschichte eigentlich einen sehr hoffnungsvollen Anfang.

Wir machen einen Dorfladen auf

Der Bau eines Gnissauer Dorfzentrum war zuerst mit der Idee verknüpft, einen Dorfladen zu bauen, vielleicht mit einem kleinen Café in demselben Gebäude. Es gab ein freies Grundstück, idealerweise direkt an der Bundesstraße gelegen. Die geplante Ladenfläche betrug 399 qm. Die Gemeinde Ahrensbök sprach sich für das Projekt aus und beantragte Fördermittel. Die Errichtung von Dorfläden wird in Schleswig-Holstein besonders gefördert.

MarktTreff

In Schleswig-Holstein wird seit 1999 zur Sicherung der Nahversorgung auf dem Land die Einrichtung von sogenannten »*MarktTreffs*« gefördert.

Ein MarktTreff basiert auf der Kombination von Lebensmittelversorgung, Dienstleistungen und Treffpunktfunktion. Die Gewichtung dieser 3 Säulen nimmt jede Gemeinde selbst vor.

Das Ministerium für Inneres, ländliche Räume und Integration (MILI) stellt aus EU-, Bundes- und Landesmitteln eine Anschubförderung bereit.

Voraussetzung ist, dass die Gemeinde einen Eigenanteil übernimmt und bereit ist, den genau vorgeschriebenen Weg von der Erstberatung über eine Machbarkeitsstudie durch externe Firmen bis zur gemeinsamen MarktTreff-Planung mitzugehen. Dabei ist die Beteiligung der Bürgerinnen und Bürger ausdrücklich gefordert. Es ist damit ein Förderinstrument, das so konzipiert ist, dass Veränderungen von unten nach oben durchgesetzt werden sollen.

www.markttreff-sh.de

Über das MarktTreff-Programm bekam die Gemeinde für die Planung 16.000 Euro Zuschüsse aus Fördermitteln des ELER (Landwirtschaftsfonds für die Entwicklung des ländlichen Raums). 19.000 Euro investierte sie selbst. Aus einer guten Idee wurde ein großer Plan. Eine externe Beraterfirma kam ins Spiel. Da Bürgerbeteiligung ausdrücklich gefordert war, saß die Projektgruppe Dorfzentrum mit am Planungstisch. Bisher lief es in der Initiative für das Dorfzentrum eher nach dem Motto: »*Jeder macht das, was er am besten kann*«. Doch nun musste sich die Gruppe neu organisieren. Eine »*Lenkungsgruppe*« als Entscheidungsgremium wurde gebildet, in der Leute aus der Initiative mitarbeiteten. Auf Anraten der Beraterfirma wurde im Oktober 2016 ein Förderverein gegründet.

Man muss aufpassen, dass man alle mitkriegt und die Informationen in die Breite streut.

Die Vereinsgründung veränderte die Dynamik in der Gruppe stark. Conny musste erst überredet werden, Vorsitzende vom Förderverein zu werden. Karina versteht ihr Unbehagen: »*Man bekommt plötzlich eine Funktion mit Einzelverantwortung, vorher hat man gleichberechtigt die Aufgaben verteilt. Und man muss aufpassen, dass man alle mitkriegt und die Informationen in die Breite streut.*«

Conny: »*Da sehe ich dich immer noch, wenn wir von der Gemeinde verdonnert wurden nach dem Motto, das dürfen wir nicht sagen – dann saß Karina immer da: In welcher Gruppe bin ich jetzt gerade, was darf ich jetzt sagen? Was weiß ich als Dorfvorsteherin, was weiß ich als Mitglied aus der Lenkungsgruppe, und wen habe ich hier vor mir? Derart separate Gremien machen es schwer, möglichst viele Leute mit ins Boot zu holen und informiert zu halten.*«

... dann stirbt das Projekt

Der große Plan scheiterte auf unerwartete Weise. Die Regularien für die Förderung eines Markttreffs sehen vor, auch die Konkurrenzsituation am Ort zu überprüfen, um existierende Läden nicht zu gefährden. In Gnissau gab es zu dieser Zeit noch einen Laden, der Deko- und Geschenkartikel, aber auch Äpfel, Kartoffeln oder Eier verkaufte, erzählt Karina. Am Anfang war dieser Laden noch bereit, das Projekt gemeinsam anzugehen. *»Aber dann haben die irgendwann die rote Karte gezogen und haben gesagt, wenn hier ein neuer Laden entsteht, sehen wir das als Konkurrenz. Das ist ein KO-Kriterium, dann stirbt das Projekt. Und so war das dann auch.«*

Aus bis heute unklaren Gründen wurde der Deko-Laden ein paar Monate später geschlossen. Doch da war die Markttreff-Idee schon geplatzt. *»Die Enttäuschung war riesig«*, erzählt Karina. Niemand hatte die Kraft, den Prozess wieder aufzunehmen.

Auf dem Grundstück, das für den Markttreff vorgesehen war, ist inzwischen buchstäblich hohes Gras über die Sache gewachsen. Neuerdings wird es durch einen Investor erschlossen, der den Platz mit 20 schlüsselfertigen Häusern bebaut. Wählbar aus einem Katalog mit Namen wie Flair 130 oder Lifestyle 120.

Gnissau ist ein Ort, der wächst. Schon jetzt gibt es Neubaugebiete, die neue Leute hierherziehen lassen. Werden sie ein Bedürfnis nach Dorfgemeinschaft haben und werden sie sich im Dorf engagieren? Michael Kramer ist Mitglied der Initiative und Vorsitzender des Kulturvereins. Er verzeichnet hoffnungsvoll vier Eintritte durch Neubürger. Im Bebauungsgebiet an der Gnisse hat er die jungen Familien gefragt, wer Interesse hat, im Dorfvorstand mitzumachen. *»Da waren einige, die gesagt haben: Naja, die Kinder sind noch klein, aber dann könnte ich mir vorstellen, da was zu machen.«*

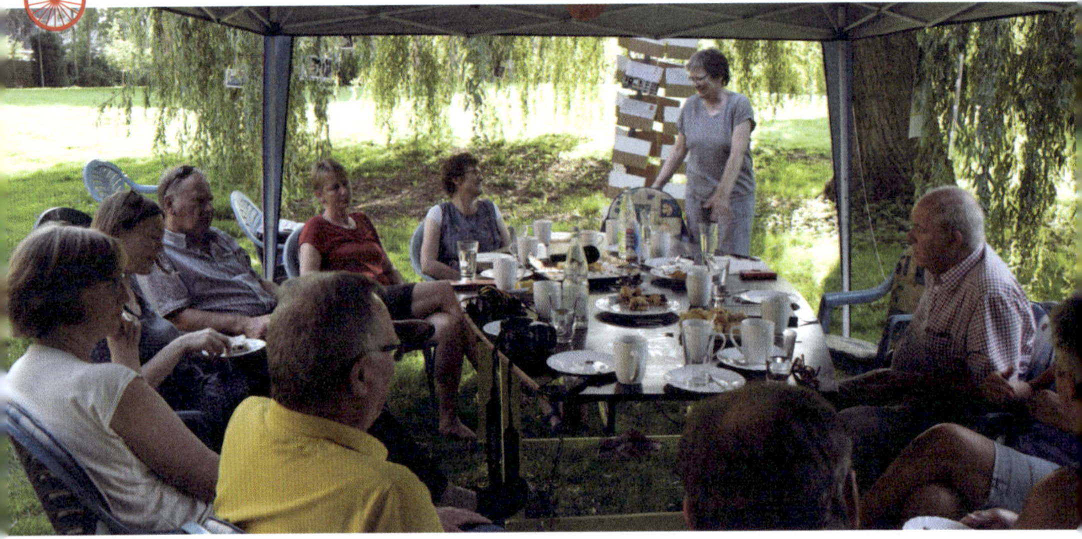

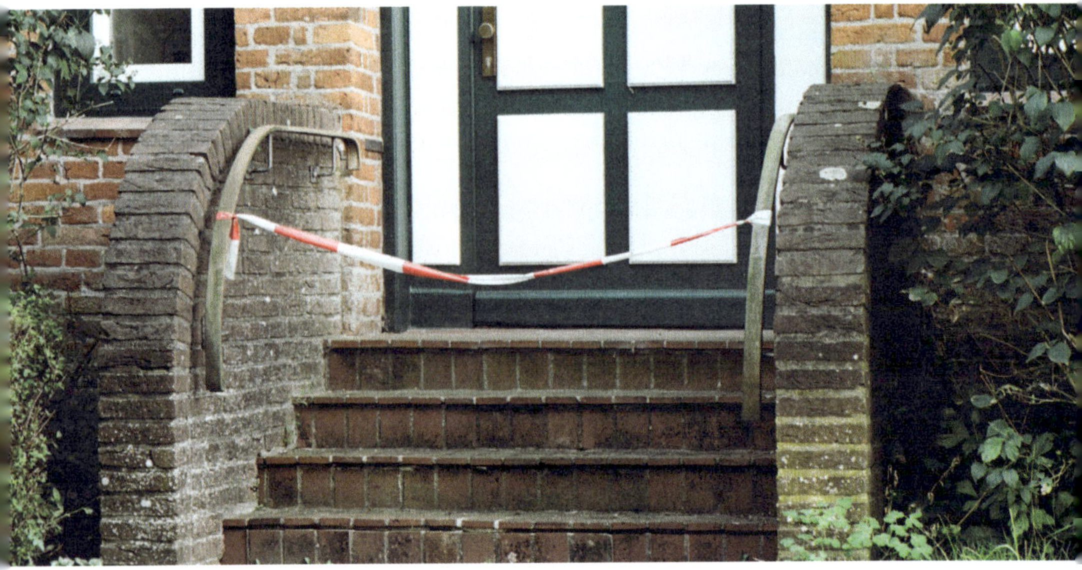

Dorfhaus und Pastorat unter einem Dach?

Unser Tisch steht inzwischen unter schattigen Weiden im Pfarrgarten. Die Runde ist größer geworden, weitere Aktive aus dem Förderverein sind dabei und Leute aus der Kirchengemeinde.

Nachdem die Dorfladenidee gescheitert war, kam der Kirchenvorstand auf den Förderverein zu. Das Pastorat war baufällig geworden und sollte abgerissen werden. Eine Mehrfachnutzung eines neuen Gebäudes wäre sinnvoll. Warum also nicht gemeinsame Sache machen?

Wir fragen, ob die Bedürfnisse von Kirche und Dorfinitiative so deckungsgleich sind, dass sie in ein Haus passen? Die Kirchengemeinderatsvorsitzende Christiane Engel-Krakow sieht das ganz pragmatisch. Das Haus könnte ein Ort werden »*wo wir Sport treiben, Sitzungen abhalten, feiern können, Bildungsangebote möglich machen aber auch relevante Dienstleistungen anbieten: Fußpflege, Friseur, Krankengymnastik, Beratungsstellen für Renten oder Gesundheitsfragen, all diese Dinge.*« sagt sie.

Karina findet das nicht ganz so einfach: »*Es gibt auch Menschen im Dorf, die Schwierigkeiten damit haben, in ein Dorfhaus zu gehen, das an der Kirche ist.*«

Christiane lenkt ein, dass dieses Gebäude barrierefrei zu gestalten ist, »*also nicht nur im Sinne von Stufen, sondern dass wir es wirklich schaffen müssen, ein Zentrum für alle zu gestalten.*«

Die arbeiten einfach anders

Trotz aller gegenseitigen Bereitschaft zur Zusammenarbeit ist diese Konstellation nicht ohne Konflikte. »*Die Institution Kirche läuft anders.*«, meint Conny. Sie hat manchmal das Gefühl, dass die Kirche da jetzt »*ihr Ding*« macht und die Initiative außen vor lässt. »*Die merken das gar nicht. Weil die einfach anders ticken als das, was wir von der politischen Gemeinde gewohnt waren. Da gab es von uns eine Menge an Input, weil es auch so gefordert wurde.*« Karina sagt: »*Die Kirchengemeinde will mit uns zusammen gehen, ganz unbedingt! Aber sie vergessen vielleicht manchmal, uns zu beteiligen, zu informieren, dazuzunehmen.*«

Zum zweiten Mal stoßen wir während unseres Besuchs auf das Problem, dass Gremien und Gruppen mit unterschiedlichen Organisationsformen Kommunikationsprobleme haben: Wer hätte sich wann und wo selbst informieren können, wer war in der Pflicht, die anderen zu informieren und mitzunehmen? Die Diskussion im Garten wird lebhaft. Das Problem, nicht zu wissen, was los ist, verstärkte sich noch, als auch dieses Projekt ins Stocken gerät, und es lange überhaupt keine neuen Informationen mehr gibt.

Dann fällt das Ganze wie ein Kartenhaus zusammen

Denn kaum haben die gemeinsamen Planungen begonnen, wird Einspruch gegen den Abriss des Pastorats erhoben. Die Frage taucht auf, ob das Gebäude unter Denkmalschutz gestellt werden muss. Die Abstimmungen mit dem Landesdenkmalschutzamt liegen in der Hand der Kirche und dauern anderthalb Jahre. »*Wir standen mit dem Rücken zur Wand und waren praktisch handlungsunfähig.*« sagt Christiane.

Michael von der Dorfinitiative sagt: »*Der Enthusiasmus hat nachgelassen, das haben wir gemerkt bei unseren vierwöchentlichen Treffen. Es waren am Anfang viel mehr dabei, aber dann ließ das nach, als diese ewigen Pausen kamen.*«

Der Initiative entgleitet die Idee vom Dorfzentrum zum zweiten Mal und droht erneut an Umständen zu scheitern, auf die sie selbst keinen Einfluss hat. Karina: »*Man wendet ja immer wieder Kraft auf, man nimmt Anlauf und sagt: Mensch, das kann was werden und investiert Zeit und irgendwann fällt das Ganze wie ein Kartenhaus zusammen und man fängt dann wieder neu an. Das kostet immer wieder Kraft und man braucht dann auch eine Auszeit.*«

Doch inzwischen gibt es gute Nachrichten. Die Frage des Denkmalschutzes ist geklärt. Das Pastorat muss stehen bleiben, darf aber umgebaut und durch einen Anbau ergänzt werden. Die Planung kann weiter gehen.

Was hält die Kooperation von Kirche und Dorfinitiative zusammen außer dem gemeinsamen Raumbedarf? Schon immer habe es im Dorf ein »*Wir-Gefühl*« gegeben, erzählt die Runde. **Das zeigt sich zum Beispiel in der gemeinsamen Terminplanung, zu der sich alle Vertreter*innen der verschiedenen »*Dorfakteure*« an einen runden Tisch setzen.**

Alle nehmen aber besorgt wahr, dass dieses dörfliche »*WIR*« bedroht ist. Im Dorf gibt es immer mehr hohe Sichtschutzhecken zu den Nachbarn und auch dass man sich auf der Straße grüßt, ist nicht mehr selbstverständlich.

Die Runde berichtet nun sehr lebhaft von »*Frau Inge*«, der ehemaligen
Schlachtersfrau, die fast jeden Tag mit ihrem Mann auf der Treppe vor ihrem
Haus sitzt. Mitten im Dorf, mit Blick auf den Platz vor der großen Eiche. Frau
Inge ist eine Institution: Ein Ersatz für die Gastwirtschaft oder den Dorfladen.
Sie kann man alles fragen. Steffen zum Beispiel lässt seine Pakete dort anlie-

fern, beim Abholen gibt es noch einen Klönschnack dazu. *»Das ist etwas, was uns fehlt und was wir früher durch die Läden und das Gasthaus eben hatten«.* Etwas, was auch die neuen Informationskanäle (Dorfnachrichten vom Dorfvorstand, Infokasten, Facebook- und Webseiten) nicht ersetzen können.

Finanzleute sind immer die Spaßbremsen

Die Kirche als zukünftige Bauherrin hat ein Architekturbüro beauftragt, die Umbaukosten zu schätzen. Das Büro hat eine Investitionssumme von ca. 1,25 Millionen Euro kalkuliert, 640.000 Euro davon entfallen auf die Sanierung des 200 Jahre alten Pastorates. Die Kirchengemeinde, die schon jetzt die Pflege des Gemeindehauses und des Gartens nur noch ehrenamtlich aufrecht hält, wird ein so großes Bauvorhaben nicht finanzieren können, sagt Christiane.

Das Dorfhaus muss erneut »durch die Politik durch«

Wir haben den Bürgervorsteher der Gemeinde Ahrensbök, Hans Joachim Dockweiler eingeladen, um zu hören wie die politische Gemeinde zu dem Projekt steht. Herr Dockweiler ist der gewählte Vorsitzende des Gemeinderats und vertritt zusammen mit dem Bürgermeister die Gemeinde nach außen.

Grundsätzlich verfolge man die Aktivitäten in Gnissau mit großer Sympathie, sagt er und verweist auf die Beteiligung der Gemeinde an dem Markt-Treff-Vorhaben. Man dürfe bei aller Begeisterung bei der Planung aber nicht vergessen, dass die Gemeinde nur über begrenzte Finanzmittel verfüge. Schon damals war klar, dass man einen MarktTreff nur hätte realisieren können, wenn er sich selbst trägt und keine zusätzlichen laufenden Kosten verursacht. Nachdrücklich wirbt er um Verständnis: »*Die Kommunalaufsicht schreibt uns jedes Jahr einen Brandbrief, sie werden uns unsere Ausgaben bald nicht mehr genehmigen, weil wir zu viele Schulden und zu wenig Einnahmen haben. Da mit neuen Investitionen zu kommen, ist schwierig.*«

Oft gebe es Vorgaben durch das Land, die Priorität haben, und alle Ressourcen auffressen. »*Wir haben hier zwei große Turnhallen in der Gemeinde, für die fallen Renovierungskosten an. Eine Schule ohne Schulsporthalle ist nicht möglich, also würde auch die Schule geschlossen – ob wir wollen oder nicht, wir werden das machen müssen. Die Aufsichtsbehörde drängelt schon.*«

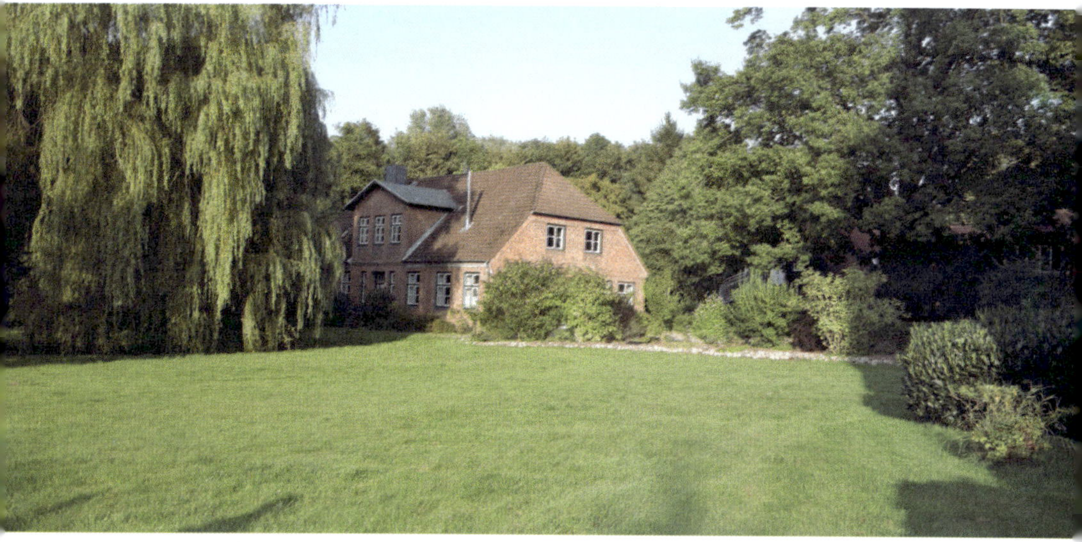

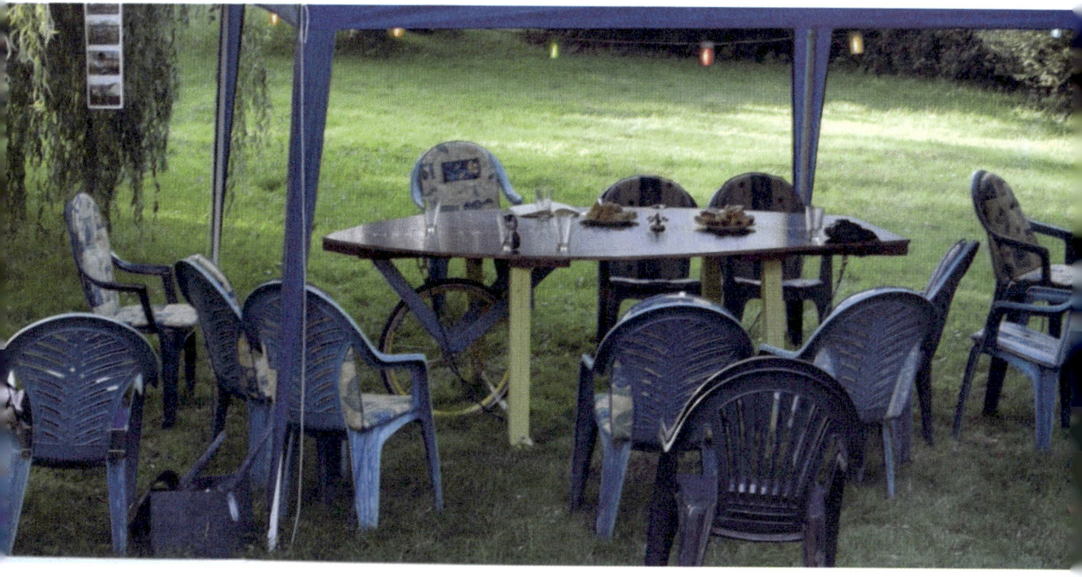

Und es gäbe schließlich in allen Dörfern »*Begehrlichkeiten*«, die man berücksichtigen müsse. Finanzausschüsse sind das Feld, auf dem sich Hans Joachim Dockweiler seit über 30 Jahren bewegt. »*Finanzleute sind immer die Spaßbremsen*«, sagt er über seine Rolle.

Der chronische Geldmangel steht plötzlich wie eine Brandmauer im Raum, und die Frage, wie die Initiative für ein Dorfzentrum unter diesen Bedingungen an ihr Ziel kommen kann, ist entmutigend. Die Idee, Fördergelder einzuwerben, wird diskutiert. Doch dazu muss ein fertiges Konzept her. »*Heute werden solche Dinge ja nicht mehr kontinuierlich gefördert*« sagt Herr Dockweiler bedauernd über die aktuelle Förderlandschaft. »*Und dann sind natürlich diejenigen ganz vorne, die was fix und fertig in der Schublade haben und sagen, hier, wir starten sofort.*«

Vorher müssen Bürgermeister und der Gemeinderat erst einmal von dem neuen Gnissauer Plan überzeugt werden.

Am Ende der Kaffeerunde gibt der Bürgervorsteher allen einen Rat: Leute aus dem Dorf müssten auch in den Fraktionen der Parteien vertreten sein, die im Gemeinderat das Sagen haben. »*Das wäre das Beste, was ihr tun könnt*«. Doch in den letzten Jahren hat sich im Dorf niemand gefunden, der Zeit und Kraft übrig hatte, sich innerhalb einer der großen Parteien zu engagieren. Vielleicht liegt das ja auch daran, dass Gemeindepolitik oft als ziemlich intransparent wahrgenommen wird. Viele Entscheidungen werden nicht erst auf öffentlichen Gemeinderatssitzungen getroffen, sondern schon vorher innerhalb der Fraktionen.

Als wir abreisen, gilt die größte Hoffnung der Gnissauer*innen einem Termin mit einem CDU-Bundestagsabgeordneten aus der Region, der im Vergabeausschuss für Fördermittel für den Denkmalschutz sitzt. Tatsächlich werden etwa ein halbes Jahr später 300.000 Euro aus einem Sonderfonds für kulturell bedeutsame Denkmäler bewilligt. Der Bundestagsabgeordnete freue sich sehr, dass er gleich drei Projekten aus seinem Wahlkreis zu einer Förderung verhelfen konnte, heißt es in einer Mitteilung der CDU. Der warme Geldregen *»von oben«* wird in Gnissau erleichtert begrüßt, er wird jedoch noch lange nicht reichen.

In einem Telefonat im Herbst 2020 erfahren wir, dass es gelungen ist, einen Fahrplan für konstruktive Gespräche aufzustellen – Kirche und Verein sitzen gemeinsam am Tisch mit dem Bürgermeister und Vertreter*innen der Fraktionen. Das größte Problem, das sie gerade lösen müssen ist, dass die Partnerschaft mit der Kirche mit vielen Förderprogrammen offensichtlich nicht kompatibel ist.

Die geduldige und pragmatische Bereitschaft zum Dialog mit Politik und Verwaltung ist zweifellos ein Rezept, das wir von der Gnissauer Initiative mitnehmen können. Offen bleibt die dringende Frage, was sich in der Politik und Förderlandschaft verändern müsste, damit aus diesem Rezept wirklich eine kräftigende Suppe werden kann.

Nichts für Ungeduldige

»*Das ist ein langer Weg, nichts für Ungeduldige*«, seufzt Karina. Die kleine Projektgruppe muss immer wieder lernen, durchzuhalten und sich auf neue Partner, Spielregeln und Kommunikationsstrukturen einzustellen. Darauf so zu reagieren, dass alle im Verein und im Dorf mitkommen und mitgenommen werden, ist nicht leicht. Dabei die Hoffnung nicht zu verlieren, ist noch viel schwieriger. Die Spontaneität und Lebendigkeit aus der Anfangszeit zu behalten, ist fast unmöglich.

Auf die Frage, was ihr die Kraft gibt durchzuhalten, antwortet Conny: »*Dass wir eine tolle Idee haben und das positive Feedback von vielen Menschen. Der Bauwagen ist schon so oft durchs Dorf gezogen. Das bleibt im Kopf.*«

Die erste, spontane Idee ist oft die kraftvollste, auch wenn sie nur als Provisorium gedacht ist! In Gnissau hat sie die Kraft, eine Initiative auch über viele Jahre zusammenzuhalten und zu stärken.

PLATENLAASE – KULTUR IST VERHALTEN

24. und 25. Oktober 2019

Grenzbereiche

Das »Café Grenzbereiche« liegt im kleinen 72-Seelen-Dorf Platenlaase irgendwo zwischen Lüchow und Dannenberg, sehr nah am früheren deutsch-deutschen Grenzverlauf zwischen westlichem Wendland und östlicher Altmark. Barbara kennt Platenlaase von vielen Durchfahrten auf dem Weg zu ihren Eltern. Das »*Café Grenzbereiche*« **hat sie wie die vielen gelben Kreuze immer als einen besonderen Weckruf in der sonst stillen, beschaulichen Landschaft wahrgenommen.**

Seit 35 Jahren gibt es dieses außergewöhnlich agile Kulturzentrum – in einem der kleinsten Dörfer des Wendlands. Wie funktioniert das? Wie schaffen die Leute es, so einen Ort über einen so langen Zeitraum lebendig zu halten? Das »*Café Grenzbereiche*« soll unbedingt Teil unseres Buches sein. Neugierig machen uns auch die Texte auf der Website und unter anderem der spezielle Kulturbegriff, der dort definiert wird: »*Kultur ist Verhalten*«. Im Oktober 2019 macht Barbara sich auf die Reise.

Erfrischend unsortiert

Auf mich übte dieser Ort der Kultur im Nirgendwo immer eine magische Sogwirkung aus. An einem Nachmittag vor ca. 10 Jahren hielt ich zum ersten Mal an. Die Tür war offen aber das Haus noch ohne Gäste. Die verschiedenen Räume wirkten schräg und lebendig. Die ursprüngliche künstlerische Gestaltung hatte sich mit den Jahren durch Gebrauch und Unmengen an Plakaten Geschichte erworben. Nichts schien fest gefügt, immer blieb eine deutliche Einladung zu spielerischer Improvisation. Aus allen Ecken sprang erfrischend unsortierte Kultur ins Auge. Und phantasievoller Castor-Widerstand der Anti-AKW-Bewegung.

Jetzt mache ich mich wieder auf den Weg dorthin. Mit dem öffentlichen Personennahverkehr. Von einem Provinznest in das andere.

Reisen mit dem ÖPNV– ein Selbstversuch

Einen Tag zuvor bestelle ich das hier immer freundliche Anruf-Sammel-Taxi (AST). Morgens überschlage ich die Anzahl der geschmierten Brote, die 38 Stunden reichen müssen, denn im »*Café Grenzbereiche*« gibt es kein Essen, in Platenlaase gibt es keinen Laden.

Das AST startet 10 Minuten vor der Zeit zum Bahnhof Cadenberge. Der erste Zug bringt mich pünktlich nach Harburg. Mit nur wenig Herzklopfen und unwesentlichem Außer-Atem-Geraten erreiche ich dort wie durch Zauberhand den nächsten Anschlusszug nach Lüneburg (fünf Minuten für einen langen Bahnsteig, zwei lange Treppen und eine Überführung, auch lang). Ab jetzt Halt an jeder Milchkanne.

In Lüneburg habe ich komfortable 17 Minuten vom West-Gleis zum Bus am Bahnhofsvorplatz. Entspannt mustere ich die Leute an der Haltestelle. Fährt vielleicht noch jemand in dieses Kulturzentrum nach Platenlaase? … Alle, die ich ins Auge fasse, werden vor mir aussteigen.

Der Bus bringt mich in einer guten Stunde zur Metzinger Feuerwehr, da gibt es eine Insassenübergabe von Bus 1 in Bus 2. Die Zeit reicht den Busfahrerinnen für einen Austausch über Urlaubsziele, Betriebsparties und Enkelinnen. Nochmal 70 Minuten und ich erreiche mit einem netten etwa 10-jährigen Jungen Platenlaase. Seine Mutter, bunt gekleidet und mit schönem, wildem Haar, holt ihn ab. Sonst ist die Straße an diesem sonnig-warmen Oktobernachmittag menschenleer.

TOMTE
CACHACA
QUARTETT
Schnitter
STATION 17
Brecht
FURY
kettcar

Das Plala-Universum

Der sahnige Name trügt, hinter dem »*Café Grenzbereiche*« steckt seit 1985 der weitgehend tortenfreie Kulturverein Platenlaase – oder auch: Das »*Plala-Universum*«, das mir Christian Saak, Valeska Richter und Carolin Serafin in langen Gesprächen erklären.

Christian und Valeska sind zwei der drei hauptamtlichen Teilzeitkräfte, Carolin gehört zum dreiköpfigen Vorstand des Vereins. Sie ist Schauspielerin und Mitglied des Profi-Theaters Freie Bühne Wendland. Außerdem leitet und betreut sie Jugendtheaterprojekte, inszeniert Aufführungen und probt einmal wöchentlich Theaterstücke mit erwachsenen Menschen mit Behinderung. Plala ist so etwas wie ihr zweites Zuhause, deshalb fällt es ihr nicht schwer, hier ehrenamtlich zu arbeiten. In der Vorstandsarbeit liegt ihr Fokus auf der Theaterarbeit.

Neben Theater gibt es im »*Café Grenzbereiche*« viermal in der Woche Kino, mindestens ein Konzert und eine Party im Monat. Verantwortlich für das Programm sind rund 30 ehrenamtlich Aktive, die in den sechs Arbeitsgemeinschaften Kino, Theater, Musik, Technik, Party und Tresenteam organisiert sind. Sie treffen die Entscheidungen über die Veranstaltungen. Das Büroteam mit Valeska, Christian und der dritten Kollegin Isa Wilde konzentriert sich auf die Koordinierung der Veranstaltungen, auf Öffentlichkeitsarbeit, Verwaltung und auf gute Kommunikationsstrukturen.

Kultur ist Verhalten

Das Besondere am Plala-Universum ist neben der kollektiven Programmgestaltung die hauseigene Definition von Kultur. Platenlaase gehört zum Wendland und zum Widerstand, erklärt ein Text auf der Webseite. »*Damit meinen wir nicht nur den Widerstand gegen monströse Formen der Energiegewinnung sondern auch Widerstand gegen soziale Ungleichheit, Diskriminierung, Umweltzerstörung, Gewalt, Neoliberalismus sowie gegen die Enge von Gedanken, Zeiten und Räumen. Die Räume, die wir zur Verfügung haben, werden daher durch Menschen belebt, die etwas tun – dafür, dagegen, damit und trotzdem.*« Im Plala-Universum treffen sich Menschen, »*um zu reden, zu lachen, sich zu streiten, zu trinken und zu handeln. Denn Kultur ist Verhalten – mit Instrumenten, Worten, Behinderungen, Idealen, unglaublichen Fähigkeiten oder einer Schwäche fürs Kartenspiel.*«

Christian: »*Hier gibt es lauter kleine Dörfer und überall wohnen sehr unterschiedliche Leute: Bauern, Intellektuelle, Künstler … Und überall gibt es irgendwelche Punkte, wo die unterschiedlichsten Leute zusammen existieren können und in Initiativen was zusammen machen. Und wenn sich das hier wiederfindet in Platenlaase, dann fände ich das toll. Dass wir wirklich so ein Grenzbereich sind, wo es möglich ist, seine Interessen in Veranstaltungen umzusetzen, zu diskutieren mit anderen Leuten, auch wenn man vielleicht von anderen als ein bisschen schrullig wahrgenommen wird. Und dass es gleichzeitig aber immer so viel Leere gibt und soviel Spielraum, damit sich Sachen immer wieder neu entwickeln können.*« »*Wenn das gelingt,*« so Christian, »*dann entsteht ein Feld von anarchistischer Kontinuität.*«

Ohne viel konsumieren zu müssen, können Menschen aus den vielen verschiedenen, manchmal konträren Projekten zusammentreffen. Ideales Ziel sind permanente Gestaltungsräume mit einem Höchstmaß an Freiheit. Das verlangt vom Organisationsteam Offenheit auch für Angebote, die nicht immer den persönlichen Vorstellungen entsprechen.

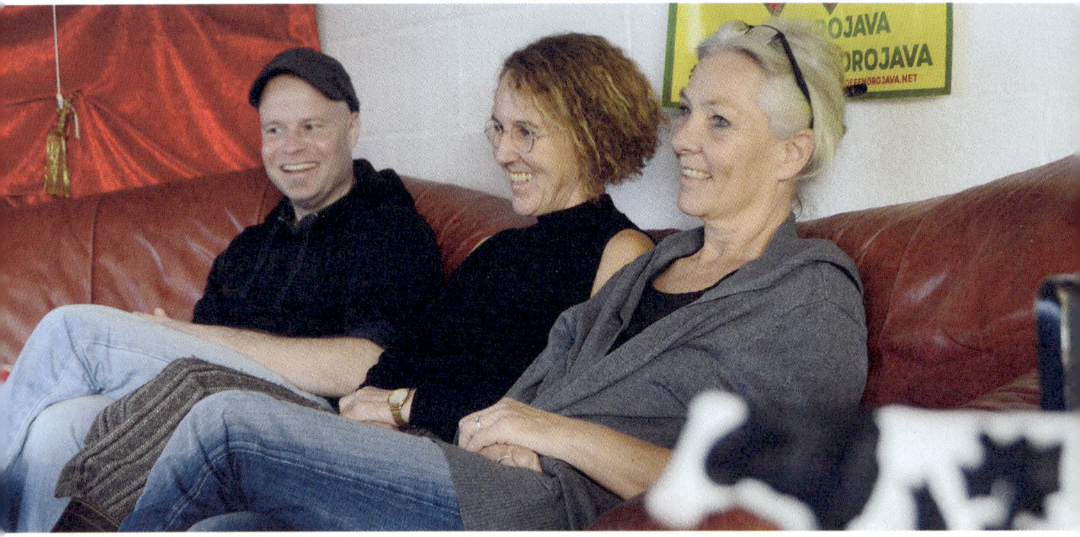

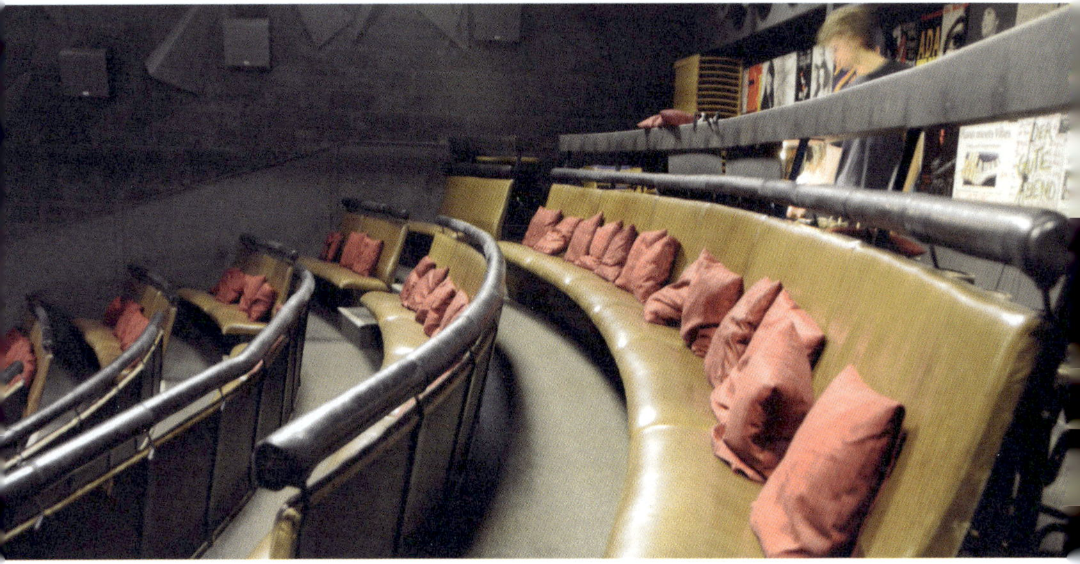

Christian arbeitete jahrelang als Psychologe in der Psychatrie in Salzwedel und hat sich vor anderthalb Jahren abwerben lassen. Er war schon einige Jahre zuvor ehrenamtlich im Tresen- oder Theater-Team aktiv.

Er wünscht sich auch die Community Psychology ins PlaLa. Diese Ausrichtung der Psychologie konzentriert sich auf die gesellschaftlichen Ursachen psychischer Probleme und entwickelt Methoden, die benachteiligte Gruppen stärken können. Toll wäre ein Stammtisch für Angehörige helfender Berufe, sagt er. »*Viele Pflegedienste und Krankenhäuser haben keine Teamsitzungen, keine Supervision und die Leute sind in der Regel zu erschöpft, um viel zu unternehmen. Solche Leute zusammen zu bringen, das wäre cool.*«

Wir haben angefangen, ganz viel miteinander zu reden

Bis heute gibt es für den Kulturverein weder institutionelle Förderung noch eine regelmäßige Projektförderung. Der Finanzbedarf für jedes einzelne Projekt muss neu eingeworben werden. Auch das ist die Aufgabe vom Büroteam.

Valeska war lange Besucherin im Plala. Irgendwann fing sie an, für die Freie Bühne Förderanträge zu schreiben und Projektleitungen zu übernehmen. Sie sah das Grundproblem, dass sich durch die lange Geschichte des Vereins zieht: *»Zu viel Arbeit, zu wenig Leute, zu wenig Geld.«* Sie erklärt: *»Wir hatten eine große Lücke zwischen jenen ein oder zwei Personen, die mit dem täglichen Organisationskram im Büro befasst waren und denen, die ehrenamtlich gearbeitet haben. Und die wurde irgendwie immer größer, weil das von denen, die im Büro arbeiteten auch nicht zu leisten war, dieses Ausmaß an Kommunikation.«*

Im Cafe Grenzbereiche hat es *»ziemlich geknirscht«*, und Valeska stellte einen Antrag auf Strukturförderung, um dringend notwendige Veränderungsprozesse anstoßen zu können. Nun läuft im dritten Jahr eine Strukturförderung, finanziert vom Landesverband Soziokultur Niedersachsen und der Stiftung Soziokultur. Externe Unterstützer*innen entwickeln mit dem Team des Kulturvereins eine neue, gut funktionierende Arbeitsstruktur.

»Wir haben angefangen, ganz viel miteinander zu reden. Ein unfassbar zäher Prozess, aber bei so einem Kulturzentrum, das doch zu mindestens 80% aus ehrenamtlicher Arbeit und Unterstützung besteht, führt da kein Weg vorbei. Wir haben uns drei Jahre lang tatsächlich jede Woche zum Plenum getroffen, mit allen, die hier arbeiten. Und wir hatten eine Strukturgruppe, mit der wir dreimal im Jahr über das Alltägliche hinaus überlegt haben, wer sind wir eigentlich, wo wollen wir hin, wie sind die Arbeitsabläufe, wie können wir inhaltlich mehr zusammen arbeiten ...«

Landesverband Soziokultur Niedersachsen e.V.

1985 schlossen sich sieben niedersächsische Kulturzentren zusammen, um auf Landesebene besser wahrgenommen zu werden und um sich gegenseitig zu unterstützen. Heute sind im Landesverband Soziokultur Niedersachen 108 soziokulturelle Zentren und Vereine vertreten.

Der Landesverband Soziokultur engagiert sich für mehr kulturelle Teilhabe aller Bevölkerungsgruppen und vertritt die Belange der Soziokultur auf Landesebene. Der Verband unterstützt (sozio-)kulturelle Einrichtungen und Akteure durch Investitions- und Projektförderung sowie durch Strukturförderung und verschiedene Beratungsangebote. Die Beratung hilft bei konzeptionellen, organisatorischen, technischen und politisch-administrativen Fragen der Kulturarbeit. Die fünf Berater*innen des Verbandes kommen selbst aus der kulturellen Praxis und sind jeweils mit einer halben Stelle in ganz Niedersachsen aktiv.

Das kostenfreie Beratungsangebot richtet sich an alle Einrichtungen, Vereine und Initiativen des freien Kulturbereichs sowie Künstler*innen in Niedersachsen. Finanziert werden die Angebote durch das Land Niedersachsen. Neben der Beratung bietet der Landesverband Soziokultur vielfältige Fortbildungen für Kulturschaffende an.

www.soziokultur-niedersachsen.de

Jetzt, wo das Ganze stabil läuft, testet der Kulturverein ein anderes Modell: »Bei den Treffen der ehrenamtlich arbeitenden Arbeitsgruppen ist nach Möglichkeit immer jemand aus dem Büro dabei, damit es kurze Informationswege gibt. Wir haben das Plenum erstmal ausgesetzt, um zu gucken: Braucht es das noch? Zweimal jährlich gibt es große Jahresplanungstreffen mit allen AGs. Wir wollen nicht unnötig viel Zeit von den Leuten in Anspruch nehmen, müssen aber prüfen: Reichen die kurzen Informationswege? Oder brauchen wir doch noch regelmäßige große Treffen?«

Jede Struktur gibt auch Freiheit

»*Struktur gibt auch Freiheit*«, sagt Christian. »*Eine Struktur ist etwas, über dass ich mir keine Gedanken mehr machen muss, weil es ja schon irgendwie geregelt ist. Und das setzt wiederum Kapazitäten frei, die ich für andere Sachen einsetzen kann. Und das gibt uns dann die Möglichkeit, ein bisschen Distanz einzunehmen gegenüber den Alltagsproblemen und dann neue Sachen zu entwickeln.*«

Seitdem die neue Struktur greift, arbeitet das kleine Büro-Team mit wenig Problemen und viel Spaß. Das überträgt sich auch auf die anderen.

 *Einmal pro Woche gibt es eine interne Büro-Teamsitzung mit hilfreichen To-Do-Listen. Entscheidungen werden gemeinsam getroffen, verbindliche Auskünfte auf Anfragen gibt es erst nach der jeweils nächsten Team-Sitzung. Organisatorisches und alle Vereinbarungen werden aufgeschrieben, damit Informationen nicht verloren gehen und dadurch Stoff für neue Konflikte liefern.*

Spezielle Aufgabenbereiche erleichtern den persönlichen Fokus. Gut, wenn die anderen aber so viel von den Aufgaben verstehen, dass bei zeitweisem Ausfall die Arbeit verteilt werden kann.

Neue Projekte werden erst dann ins Leben gerufen, wenn die Finanzierung steht. »Wir haben eine begrenzte Stundenzahl im Büro und bemühen uns, das möglichst wenig zu überschreiten, um uns nicht dauerhaft selbst auszubeuten und dann schaffen wir das doch irgendwann nicht mehr. Wir müssen ständig aufpassen, dass wir nicht zu viel machen – gerade, wenn es gut läuft.«

Christians Idee vom Stammtisch für Angehörige helfender Berufe zum Beispiel muss leider noch warten. Denn so eine Idee braucht mehr Vorbereitung als gedacht. »*Du musst mit den Institutionen in Verbindung treten, die Leute müssen das ja wissen, dazu muss man aber sensibel vorgehen, wenn du es mit Mitarbeiter*innen machen willst und nicht mit Leitenden, das ist zeitaufwändig.*

Deshalb würden wir solche Projekte nur dann hinbekommen, wenn wir zusätzlich Geld dafür einwerben können. Wir haben nicht so viele Kapazitäten, um das jetzt noch zusätzlich zu machen.«

Und sonst gilt: *»**Nur das Notwendige organisieren, möglichst viel wieder abgeben!** Und das Inhaltliche ist nicht immer das Notwendige.«* Denn um den Inhalt kümmern sich all jene, die das *»Café Grenzbereiche«* mit Veranstaltungen füllen.

Die Abwechslung von Erfolg und Verzweiflung

Christian: *»Wir haben neulich den Keller aufgeräumt und alte Protokolle gefunden und festgestellt, dass durchgehend durch die Geschichte des Kulturvereins sich eine Reihe von Krisen zieht, die eigentlich den gleichen Inhalt haben: Das Programm müsste irgendwie anders sein oder wir müssten jüngere Leute haben oder wie können wir besser zusammen arbeiten und wie lösen wir Konflikte .... Es war frappierend, dass in den Protokollen dieselben Worte verwendet wurden, die wir uns heute auch sagen hören …: Es geht nicht mehr weiter! Es ist keiner mehr da! Aber es stimmte nie – offensichtlich. Und wir müssen die Probleme vielleicht auch gar nicht ALLE lösen! Und vielleicht braucht es diese permanente Krise, damit es überhaupt weiter geht? «*

Valeska: *»Ich finde, die Verzweiflung braucht dringend die Abwechslung durch Erfolge. Wir schaffen es jetzt, tatsächlich auch Sachen nach vorne zu bringen, dadurch, dass wir zu dritt im Büro sind und in den letzten drei Jahren 'ne Menge durchdacht haben. Die Prozesse sind immer noch deutlich zäher als ich mir die wünschen würde und gedacht habe, dass sie umzusetzen sind – aber es ist Bewegung drin.«*

Das Café Grenzbereiche und das Dorf

Eine Hälfte des alten Kulturzentrums ist schon seit langem Wohnhaus. Hier wohnt Kurt Kessel mit seiner Familie. Ich treffe ihn im Sommer 2020. Kurt ist einer der drei Gründer des *»Café Grenzbereiche«* und kaufte 1980 mit Freunden aus Berlin das alte Haus. Der damals spektakuläre Widerstand gegen die geplante Wiederaufbereitungsanlage in Gorleben zog die politisch interessierten Stadtflüchtlinge hierher. Es begann mit einer Herberge für Berliner Kinder- und Gewerkschaftsgruppen, dann traf Kurt auf Dieter Herker und *»Margie«* Margit Kube. Zu dritt schmissen sie ihr letztes Hab und Gut zusammen, eröffneten eine Kneipe und schmiedeten den Plan für ein Kulturzentrum und Café. Margie schenkte ihr gastronomisches Talent, Dieter organisierte schöne bis tiefgründige Kulturveranstaltungen und Kurt versuchte neben allen sonstigen Anforderungen, die Finanzen beisammen zu halten. Das Café wurde innerhalb kurzer Zeit zum Soziokulturzentrum und zum ersten lebendigen *»Spielort des Widerstands«*. Zum einen, weil es in der Gegend nichts dergleichen gab. Zum anderen waren die Beziehungen ins Dorf gut und das Dorf einschließlich des damaligen Bürgermeisters (CDU- Mitglied, Bio-Bauer und Atomkraftgegner) war offen für die Neuankömmlinge.

Die Neuen lernten vom Dorf: *»Wir mussten auch gucken, was machen die eigentlich? Wenn man so hyperaktiv ist und denkt, man macht so coole Sachen, das müssen doch auch alle mitkriegen, vergisst man leicht: Was machen denn die anderen?«*, erzählt Kurt. *»Der große Fehler, nicht teilzuhaben am Leben der Nachbarn, sondern sich zurückzuziehen in die Beweihräucherung des Eigenen als einzig Wahren ist in Platenlaase zum Glück nur selten passiert.«*

Platz machen für die Neuen

Wenn Kurt Kessel von den Anfangsjahren des Kulturzentrums erzählt, wird deutlich, wie großartig, wie aufwühlend und anstrengend diese Zeit für ihn war. Nach 15 aufreibenden Jahren, zähen Plenumssitzungen mit vielen Selbstdarstellern, großen Turbulenzen und einigen Zerwürfnissen stellte sich für ihn unausweichlich die Frage: »*Vielleicht bin ich ja auch nur hinderlich für die weitere Entwicklung? Vielleicht bin ich ja genau wie die anderen und ziehe mein Ding durch und hindere die anderen daran, weiter zu kommen?*« Im alltäglichen Hamsterrad des Kulturvereins war die Bedeutung der einzelnen Aufgaben und Rollen nicht mehr klar, das gemeinsame Ziel wurde undeutlich. Irgendwann konnte Kurt endlich Abschied nehmen, seinen eigenen Weg gehen – und Platz machen für die Neuen. »*Ich hätte eigentlich fünf Jahre früher gehen müssen. Hätte den Konflikt viel früher benennen müssen: Dass wir uns verschleißen, weil wir immer wieder dieselben Runden drehen. Hätte aber auch verstehen müssen, dass ich mich ja auch selbst darstelle …*« Das Nachrücken hat größtenteils gut funktioniert. »*Heute gibt es ein viel besseres Management mit viel mehr Überblick.*

Aber es gibt*«, bedauert Kurt Kessel, »*kaum mehr direkte Verbindung ins Dorf.*« Die Gründer hatten noch jedes Jahr die Menschen in Platenlaase zum Dorffest geladen. Heute vermisst Kurt Kessel immer mal wieder diese Kommunikation, vor allem wenn die Veranstaltungen das Privatleben der Nachbarn beeinträchtigen. »*Wenn die Verbindung dauerhaft gestört ist, dann verändern sich plötzlich die Positionen: Dann sind wir plötzlich auf der anderen Seite! Das ist interessant, das zu verspüren, weil man ja eigentlich immer MIT dem Kulturverein ist. Aber wenn einem ständig jemand auf dem Fuß rumtanzt und das Gegenüber das nicht mitkriegt obwohl man das zehnmal gesagt hat, dann ist man plötzlich dagegen.*«

Kurt Kessel ist dankbar, dass Valeska versucht, die Verbindungen wieder aufzubauen: »*Es ist sehr wichtig, dass es solche Leute wie Valeska gibt. Und es ist wichtig, dass diese Leute auch bezahlt werden für das, was sie tun. Nur dann ist dauerhaft Zeit für eine gute Kommunikation mit dem Dorf.*« Der Kulturverein ist für ihn so selbstverständlich notwendig wie zum Beispiel Krankenpfleger*innen. »*Deshalb wäre eine staatliche Subventionierung mit zwei, drei Stellen sinnvoll. Der Rest muss dann erwirtschaftet werden.*«

Ohne Castor

Valeska: »*Wir sind nicht mehr in diesem aktuellen Widerstandsgeschehen drin, wo Leute aus Hamburg und Berlin hierher gezogen sind mit Elan und Abenteuer und dem Willen, hier was anderes aufzubauen, aber noch mit guten Kontakten in die großen Städte. Es kommen nicht mehr jedes Jahr unfassbar viele Menschen hierher, um den Castor zu blockieren.*«

Christian: »*Das hat vorher sehr viel dazu beigetragen, dass Leute Dinge zusammen getan haben, die sonst nicht so zusammen gekommen wären, zum Beispiel Bauern und Hippies, Bio-Bauern und Nicht-Bio-Bauern, die sich in der bäuerlichen Notgemeinschaft zusammengeschlossen haben, um gegen Castoren und Gorleben zu protestieren. Aber wenn es darum geht, welche Düngemittel man einsetzt, sind die sich spinnefeind. Ein Gegner, der sich in schöner Regelmäßigkeit zeigt, macht es leichter, sich zu verbünden. Ohne Castor sind wir dem Rest des Landes ähnlicher, nicht mehr besonders. Eine neue Positionierung ist erforderlich in einer zunehmend ungreifbareren, komplexen Welt.*«

BOLLERTDÖRFER – DAS ZIEL HEISST BEGEGNUNG

Oktober 2019 / Juli 2020

Volpriehausen, Delliehausen, Schlarpe und Gierswalde sind Dörfer in Süd-niedersachsen, die sich 2009 zu einer Aktionsgemeinschaft zusammentun: Der Bollert-Initiative. Der Bollert ist ein waldreicher Höhenzug im Solling, der die vier Dörfer umschließt. Ca. 30 km von Göttingen entfernt, gehören sie mit weiteren 14 Ortschaften zur Stadt Uslar im Landkreis Northeim.

Barbara hat die Bollert-Initiative schon 2013 besucht. Sie ließ sich mit einer kleinen Gruppe aus Oberndorf von der jungen Bewegung für den eigenen Dorfentwicklungsprozess inspirieren. Unterschiedlichste Menschen brachten damals Kraft, Zeit und ausgefallene Ideen mit ein. Zwei sehr konkrete Herzensthemen vermochten sie zu einen: Der Erhalt der Grundschule und des Freibades. Beide waren akut von der Schließung bedroht.

Tatsächlich gelang es, das Freibad und die Schule zu retten. Den Erhalt der Grundschule sicherte die Initiative durch die Einrichtung einer Ganztagsschule, damals ein Novum in der Region. Sowohl die Nachmittagsbetreuung als auch der Betrieb des Freibades werden seit mehr als 10 Jahren durch ehrenamtliches Engagement über einen Verein geleistet. Ein enormer Kraftakt und eigentlich ein Grund zu feiern, dachten wir.

Doch statt einer tatkräftigen, gemeinschaftlich agierenden Bewegung treffen wir auf viele von Auseinandersetzungen gezeichnete Einzelkämpfer*innen. Neben vorsichtigen Versuchen, mit neuen Projekten dörferübergreifend aktiv zu werden, hat eine große Erschöpfung Platz genommen. Wir hören von enttäuschten Erwartungen und Streit untereinander. In keiner anderen Initiative haben wir so viele konträre, zum Teil hochemotionale Interviews geführt.

Zwei Mal besuchen wir die Bollertdörfer. Auf unserer ersten Reise im Oktober 2019 sind wir vier Tage lang in der Region und an jedem Tag im jeweiligen Dorfgemeinschaftszentrum eines der vier Dörfer zu Gast. Weil nicht alle Akteure Zeit haben, fahren wir im Juli 2020 ein zweites Mal.

Im Laufe unserer Besuche fahren wir auch nach Northeim und Uslar, die städtischen Zentren dieser einst von Bergbau, Land- und Waldwirtschaft geprägten Gegend. Beim Anblick der vielen Leerstände in den beiden Innenstädten ist die Wucht des gesellschaftlichen Umbruchs gut zu erahnen. Abwanderung der jungen Generation, geringe Kaufkraft, verändertes Konsumverhalten, all das spiegelt sich in den toten Schaufenstern.

Auf den Dörfern, die wir besuchen, spielen die traditionellen Erwerbszweige kaum noch eine Rolle. Die Hauptarbeitgeber sind inzwischen Seniorenheime. Der Bollert ist in Göttingen »*die Gegend, wo es so viele Seniorenheime gibt.*« Die waldreiche und ruhige Landschaft birgt aber auch das große Versprechen, hier könnte ein gutes Leben gelingen. Tatsächlich ziehen immer mehr Leute in die Region, sie arbeiten in Göttingen und wohnen auf dem Land.

Alle waren so voller Hoffung!

»*Gemeinsam sind wir stark*«, mit diesem Credo hatten die vier Dörfer 2009 ihren Zusammenschluss überschrieben. Zugrunde lag ihre Erkenntnis, dass kein Dorf allein dem gravierenden Wandel etwas entgegen setzen kann, von dem die Region betroffen ist.

Der Initialfunke kam 2008 vom Hotelier Dirk Schwarz. Seine Familie führt in der zweiten Generation ein großes Landhotel oberhalb von Volpriehausen, dem größten der vier Dörfer. Wir treffen Dirk und seine Frau Gunda auf unserer zweiten Reise im Juli 2020 in einem fantastischen Garten, den Gunda Schwarz rund um das Hotel angelegt hat: Nachhaltig und ökologisch bewirtschaftet, mit australischen Glockenbäumen, essbaren Lilien, duftenden Kräutern, großen Gewächshäusern – der Entwurf für ein Paradies und nur eine von ganz vielen Ideen, mit denen die beiden die Region attraktiv machen wollen.

Es reicht aber nicht aus, wenn sich nur einer allein nach vorne bewegt – diese Erkenntnis treibt die Hoteliersfamilie schon seit den 1980er Jahren an. »*Die Wirtschaftskraft einzelner Betriebe und die Lebensqualität aller gehören zusammen, florierende Wirtschaft zieht andere nach sich.*«, so Dirk Schwarz. Die Ideen dazu müssen von den Bürger*innen selbst kommen. Denn nur so können die Konzepte mitgetragen und mit Leben gefüllt werden, ohne dass sie im »*Verwaltungssumpf*« stecken bleiben.

Doch für einen kooperativen und dorfübergreifenden Bürgerbeteiligungsprozess braucht es professionelle Unterstützung von außen, da war er sich sicher. Zu seinem 60. Geburtstag lud er über die Vereine und Bürgermeister der verschiedenen Orte ca. 500 Leute zu einem großen Fest. Dirk Schwarz wollte keine Geschenke sondern sammelte Geld ein. Damit engagierte er das Oldenburger Institut für Partizipatives Gestalten (IPG). 2009 fand unter dessen Leitung das erste Bürgerforum statt, zu dem 170 Leute kamen.

»Potentiale und Schwachpunkte der einzelnen Ortschaften wurden gemeinsam beleuchtet, aufgeschrieben und schon die ersten Weichen für die dringendsten Aufgabengebiete gestellt. Umwerfend! Niemand hatte mit einer so großen Beteiligung gerechnet.« schreibt Gunda Schwarz in ihren Erinnerungen. *»Alle waren so voller Hoffnung!«*

Im Juni 2009 gründete sich der Bollertdörfer e.V. als *»Initiative für die Entwicklung der Region«*. Die positiv formulierte Vision brachte Menschen an einen Tisch, die sich politisch, wirtschaftlich und sozial sehr unterschieden. Der Verein gibt seinen Mitgliedern fast unbegrenzt viel Freiheit und formuliert drei Prinzipien, auf denen die Arbeit des Vereins fußen soll.

»1.Transparente Kommunikation
Tue Gutes und rede darüber! Nach diesem Motto und wegen der losen Struktur des Vereins ist es nötig, dass alle Aktivitäten des Vereins für jeden nachvollziehbar und sichtbar sind. Daher bitten wir um Veröffentlichung aller Projekte und aller Aktivitäten, die im Rahmen der Bollertdörfer stattfinden.

2.Agieren auf Augenhöhe
Unser Ziel ist es, auf Augenhöhe zu arbeiten! Jedem seine Macken und Schrullen zuzugestehen und den jeweils anderen so zu akzeptieren, wie er ist. Das Wichtigste ist, dass wir erkennen: Jeder von uns kann etwas! Egal ob Kuchen backen, Homepage pflegen, Anträge schreiben, Aktive gewinnen.

3. Selbstermächtigung
Der Verein ist nur eine rechtliche Plattform. Die Devise ist: Machen statt quatschen! Also mach mit! Jeder der etwas in den Dörfern bewegt, handelt im Sinne der Initiative. Du hast eine Idee? Dann finden wir gemeinsam eine Möglichkeit, der Idee Leben zu geben!«

Anfangs lud die Bollert-Initiative zu einem festem Tag in jedem Monat zur offenen Bürger*innenversammlung. Menschen aus verschiedenen Projekten berichteten vom Stand der Dinge. Neue Ideen wurden vorgestellt, Mitstreiter*innen gesucht und im besten Fall gefunden.

Diese »*Stammtische*« hatten zu Beginn eine sehr einigende Kraft. Sie finden aber schon lange nicht mehr statt.

FORUM als Ort der Begegnung: Oberndorf und die Bollert-Initiative

Der Beginn der Dorfentwicklungsprozesse in den Bollertdörfern und in Oberndorf wurde vom Oldenburger *Institut für Partizipatives Gestalten* begleitet. Ziel des IPG war es, grundlegende Strukturen zu etablieren, die der Bürgerschaft langfristig ein eigenverantwortliches Handeln ermöglichen.

Wie in den Bollertdörfern, wurden auch in Oberndorf in inspirierenden Ideenworkshops die Potentiale der Region gemeinsam untersucht. Die drei wichtigsten Prinzipien der Dorfentwicklung wurden hier so formuliert: AUGENHÖHE: Allen Personen gelten Achtung und Respekt im selben Maße. TRANSPARENZ: Alle für das Dorf wichtigen Informationen sollen allen zugänglich sein. SELBSTERMÄCHTIGUNG: Wenn ich will, dass sich etwas ändert, muss ich mich selbst dafür stark machen.

Als eines der wichtigsten Werkzeuge wurde auch hier eine offene, monatlich stattfindende Bürger*innenversammlung ins Leben gerufen – das Forum. Eine Plattform für alle, die das Leben im Dorf gestalten wollten.

Treffpunkt des Forums wurde die »*Kombüse 53° Nord*«, ein gemeinschaftlich betriebenes Kulturrestaurant, eines der Projekte, die aus dem Dorfentwicklungsprozess hervorgegangen sind. Barbara hat die monatlichen Treffen jahrelang mitorganisiert und den Informationsfluss über Mail-Verteiler und Website gewährleistet. Antje hat während ihrer Dreharbeiten in Oberndorf das Forum häufig und gern besucht. Hier, am langen Tisch der Kombüse, waren Aufbruchstimmung und gegenseitige Wertschätzung, die einen erheblichen Teil des Dorfes erfasst hatten, am besten zu spüren.

Zwei wichtige Projekte, die an diesem Tisch und im Forum besprochen wurden, sind gescheitert: Die Schulrettung und die Bürgeraktiengesellschaft, die mit Gülle und Fischzucht Geld für die Schule und neue Dorfprojekte verdienen wollte.

Eine wohlwollende, heilsame und gemeinsame Aufarbeitung steht noch aus. Ungelöste Brüche färben jetzt den Umgang miteinander: Manche Begegnungen werden vermieden.

Auch das Forum hat im Laufe der Jahre seine Anziehungskraft und Offenheit eingebüßt und ist seit der Pandemie komplett eingeschlafen. Barbara hat sich aus der Organisation ganz zurückgezogen. Vielleicht bräuchte es eine Neubelebung durch andere Orte und Formate, denkt sie. In der die Lust auf Begegnung und die gemachten Erfahrungen zusammenkommen können, um viele Menschen wieder zu integrieren.

Vielleicht aber sollten auch solche Institutionen eine Erholungspause haben dürfen, damit andere Leute sie wieder neu entdecken und beleben können.

Neue Leute und Tatendrang gibt es in Oberndorf genug, denn die Aufbruchstimmung von damals hat auch viel Gutes hinterlassen: Zum Beispiel die Energiegenossenschaft und das Nachmittagsprogramm für Kinder. Die 2018 neu gegründete Freie Schule »*LernArt*« sorgt für frischen Wind und viel Zuzug. Die »*Heimatstube*« ist mit neuem Ausstellungskonzept ein Museum und ein neuer wöchentlicher Treffpunkt geworden. Und auch das Kino und die Kombüse mit ihrem langen, einladenden Tisch und gutem Essen gibt es immer noch.

Der Patient ist aus dem Koma erwacht

Esther Graepler

Esther Graepler wird uns im Oktober 2019 vier Tage lang durch die Dörfer begleiten. Und auch 2020 treffen wir sie wieder. Mit ihren knapp 40 Jahren zählt sie zu den Jüngeren in der Initiative. Sie war Gründungsmitglied und lange Jahre im Vorstand des Vereins. Jetzt unterstützt sie die neue Vorsitzende Stefanie Möhlenhoff, deren Stellvertreterin Annika Wilke und die Kassenwartin Gerhild Decker. Neben ihrem Job und der Familie managt sie noch die Website für die Bollert-Initiative, ist zuständig für die Öffentlichkeitsarbeit und damit auch unsere erste Ansprechpartnerin.

Den aktuellen Zustand der Bollert-Initiative analysiert und beschreibt Esther auf ihre nüchterne und pragmatische Art, mit vorsichtig optimistischer Prognose: »*Für einen Patienten, der gerade wieder aus dem Koma erwacht ist, sind wir schon ganz gut wieder dabei. Wir haben die Brüche hinter uns, das Schiefgehen, das, was daraus resultiert, und das braucht seine Zeit, dass das erstmal verheilt. Durchatmen!*«

Esther ist eine von drei Dorfmoderator*innen in den Bollertdörfern. In Niedersachsen können sich Menschen im Ehrenamt zu Dorfmoderator*innen weiterbilden, um Dorfentwicklungsprozesse voranzubringen. Der Grundgedanke dahinter: Den Aktivist*innen Wissen und Rüstzeug zu vermitteln, auch, um einer Überlastung entgegenzuwirken. In zwei Kurzlehrgängen geht es zum Beispiel um ein Projektmanagement, das die Arbeit auf viele Schultern verteilt, um hilfreiche Moderationstechniken oder um Konfliktbewältigungsmethoden. Ein wichtiger Schwerpunkt ist die wertschätzende Kommunikation. Moderation sei eigentlich nicht der richtige Begriff, meint Esther. Eigentlich ginge es vielmehr darum, ein guter »*Dorf-Diplomat*« zu sein.
(→ Exkurs zu Dorfmoderation Seite 162 f.)

Mit Esther unterwegs zu sein, heißt auch, ihrem diplomatischen Kurs zu folgen. Bewundernd stellen wir fest, wie sie es schafft, ganz unterschiedliche Leute zu Wort kommen zu lassen und Konflikte ganz bewusst nicht unter den Teppich zu kehren. Auch wenn sie diese nicht unbedingt lösen kann, zumal sie ja selbst in viele der herrschenden Konflikte involviert sei, sagt sie.

Der erste Schritt ist eine offene Kommunikation. Was die Bereitschaft voraussetzt, sich aufeinander einzulassen, einander zu vertrauen und auch eigene Fehler einzugestehen. Es sei vor allem auch ein persönliches Ding, sagt Esther:
»Schaffe ich es, über meinen eigenen Schatten zu springen?«

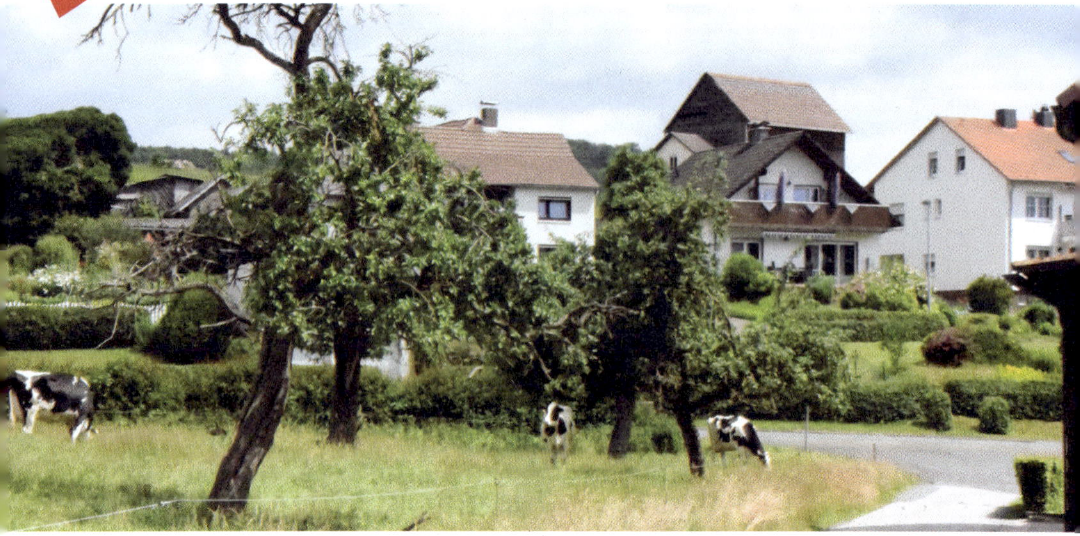

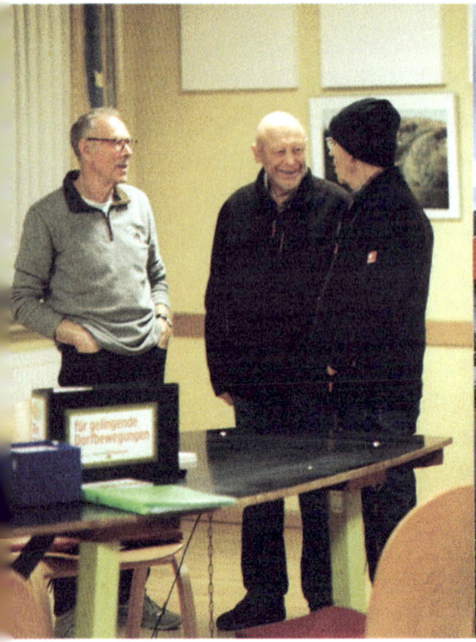
für gelingende
Dorfbewegungen

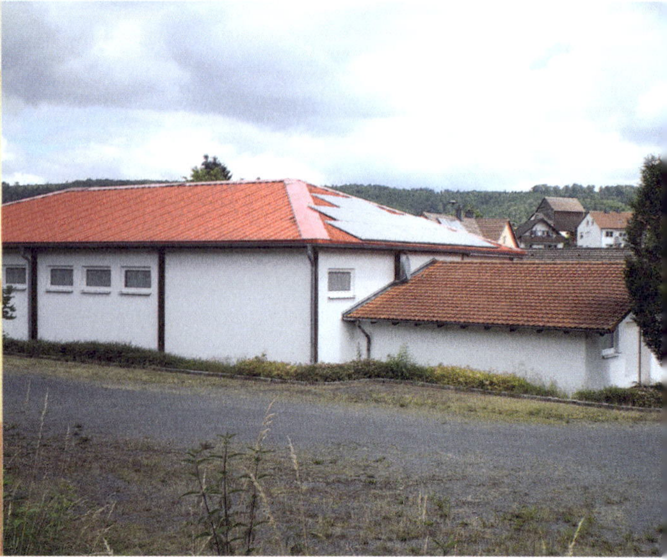

Delliehausen

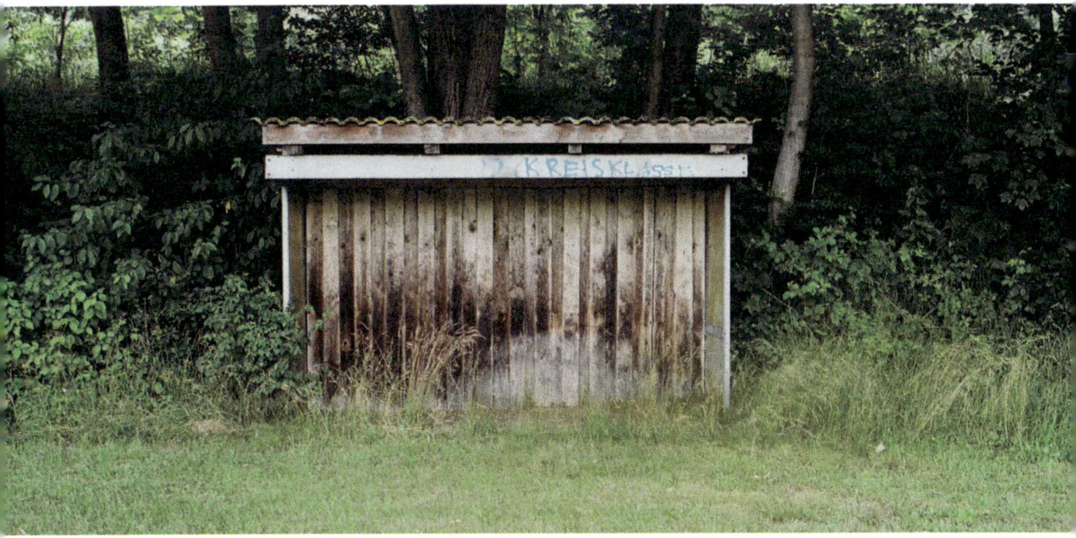

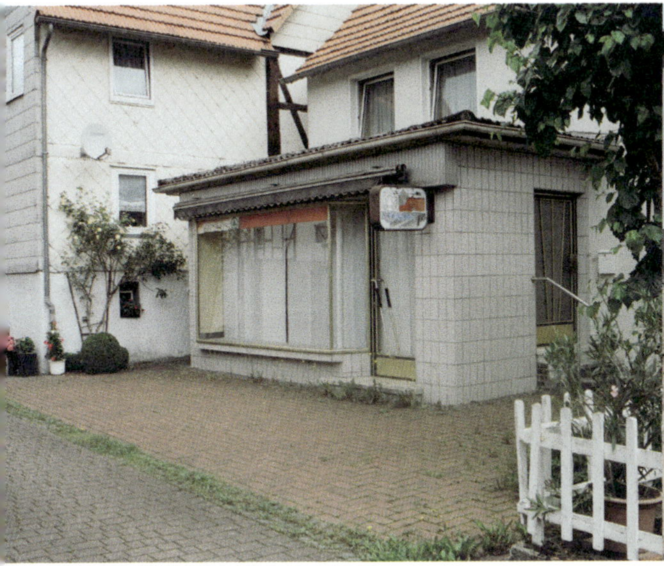

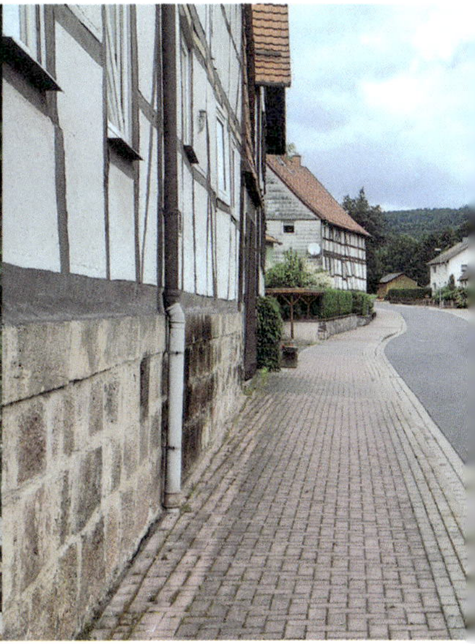

Station 1: Delliehausen

Delliehausen hat 541 Einwohner, ca. einhundert davon leben im »Forellenhof« – so heißt hier das Seniorenheim. Verabredet sind wir mit hiesigen Aktiven im Dorfgemeinschaftshaus, einer Mehrzweckhalle etwas oberhalb vom Dorf. Hinter dem Haus ein Sportplatz. Ein Schild weist den Weg zum Bergsee, das klingt verheißungsvoll. Als wir ankommen, geht gerade die Sonne unter. Das Haus ist verschlossen und erst sieht es so aus, als käme keiner. Doch dann trifft Esther ein, dazu kommen die Kassenwartin Gerhild Decker, und vier ältere Herren: Winfried Müller, ehemaliger Revierförster, Wolfgang Boeder, ehemaliger Ortsbürgermeister und ehrenamtlicher Verwalter der Mehrzweckhalle, der »Ur-Delliehäuser« Heinrich Kempf und Harald Giesecke, der den hiesigen Campingplatz von seinem Vater geerbt hat und vor kurzem aus Berlin hierhergezogen ist.

Die Räume der Mehrzweckhalle erwarten uns so, wie der Name es verspricht: Ordentlich, praktisch und auf das Notwendigste beschränkt. Wir schieben die vorhandenen Tische zu einer kleinen Tafel zusammen und stellen unseren Tisch dazu. Die Frauen sorgen für Getränke und Schmalzbrote, die Männer vertiefen sich in ein Gespräch über die Jagd. Nebenan in der Sporthalle treffen sich ein paar Frauen zur Gymnastik.

Die Region vorsichtig entwickeln

Winfried Müller

Winfried Müller war 34 Jahre lang der Revierförster von Delliehausen. Bis heute ist er aktiv im Natur- und Landschaftsschutz. 16 Ehrenämter hat er im Laufe seines Lebens ausgefüllt, unter anderem war er lange Vorsitzender des Heimatvereins von Delliehausen. Er liebt den von Wald umgebenen Ort, indem man früher Köhlerei betrieben hat. Er ist stolz darauf, dass der Verein diese Tradition aufrecht erhält und dieses Jahr den 43. Meiler aufbaute – mit Meilerfest, Kapelle, Gesangsverein und Gottesdienst.

Winfried Müller hat sich einen Vortrag zurechtgelegt. Fast jeder seiner Sätze ist ein leidenschaftliches Statement für die durch alte Traditionen geprägte Identität der Orte. Und so ist es kein Wunder, dass er die Rolle des Mahners einnimmt und Entwicklungstendenzen ablehnt, *»die vielleicht zum Ort nicht passen.«* Zum Beispiel die Bestrebungen der Landesforsten Niedersachsen, den Bergsee zu verkaufen. *»Wir wollen, dass der Bergsee vorsichtig entwickelt wird und nicht zu so einem Radauplatz wird.«* Jemand hätte die Idee gehabt, am Bergsee Baumhäuser zu bauen und zu vermieten. Das sei völlig falsch, meint der Förster, dem davor graut, dass sich die Natur durch zu viel Tourismus in ein *»Disneyland«* verwandelt.

Vorsichtig bemerkt der neue Campingplatzbesitzer Harald Giesecke, dass das Disneyland ja vielleicht zeitweise mal Einzug halten dürfe am See, denn ihm schweben auch größere Veranstaltungen vor, um den Ort für mehr Gäste attraktiv zu machen. Verhaltene Zustimmung von anderen Anwesenden.

»Das Dorf« habe den Landesforsten bei einer Versammlung unmissverständlich gesagt, wie es über eine Privatisierung denke, sagt Winfried Müller. *»Und da sind die Delliehäuser sich alle einig. Was den Bergsee angeht, sind sich die Delliehäuser 100% einig.«* Uns überrascht die Vehemenz, mit der der Bergsee gegen eine Vereinnahmung *»von außen«* verteidigt wird.

Das Gefühl, dass bei fast jeder Unterhaltung ungelöste Konflikte zwischen den Dörfern mitschwingen, wird uns in den nächsten Tagen begleiten. Esther erklärt uns, dass die Idee mit den Baumhäusern von Dirk Schwarz stammt. *»Dirk hat immer sehr weit schweifende und zukunftsweisende Ideen. Grundsätzlich denkt er für die Wirtschaftlichkeit der Region und, klar, für sein Hotel.«* Das sei völlig in Ordnung, sagt sie. *»Aber er sieht nicht die Hürden und die Nachteile, und auch dieses Abwägen fällt ihm sehr schwer. Er ist so ein Machertyp, auch gern mit dem Kopf durch die Wand, und das hinterlässt halt auch oft mal Löcher.«*

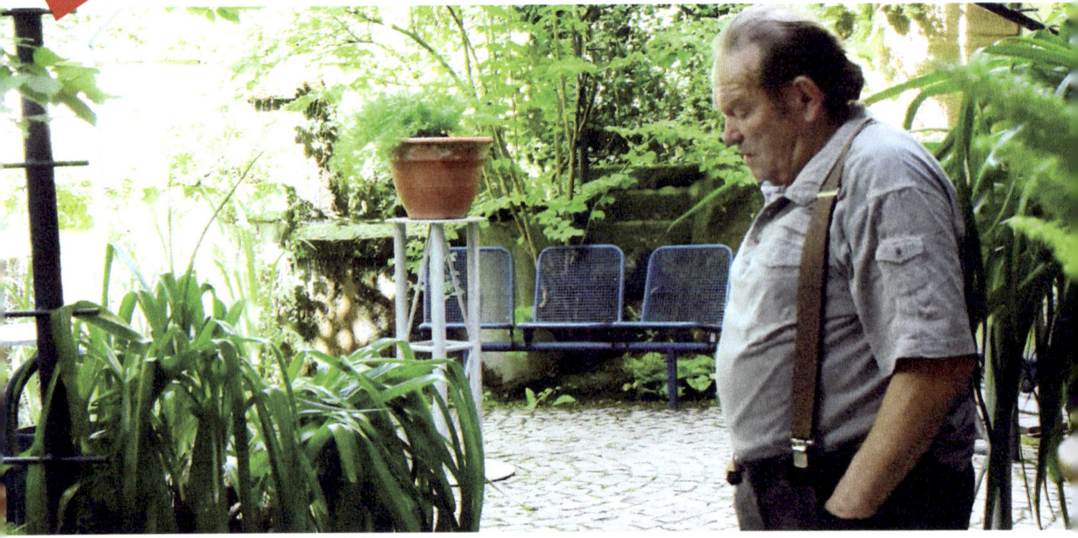

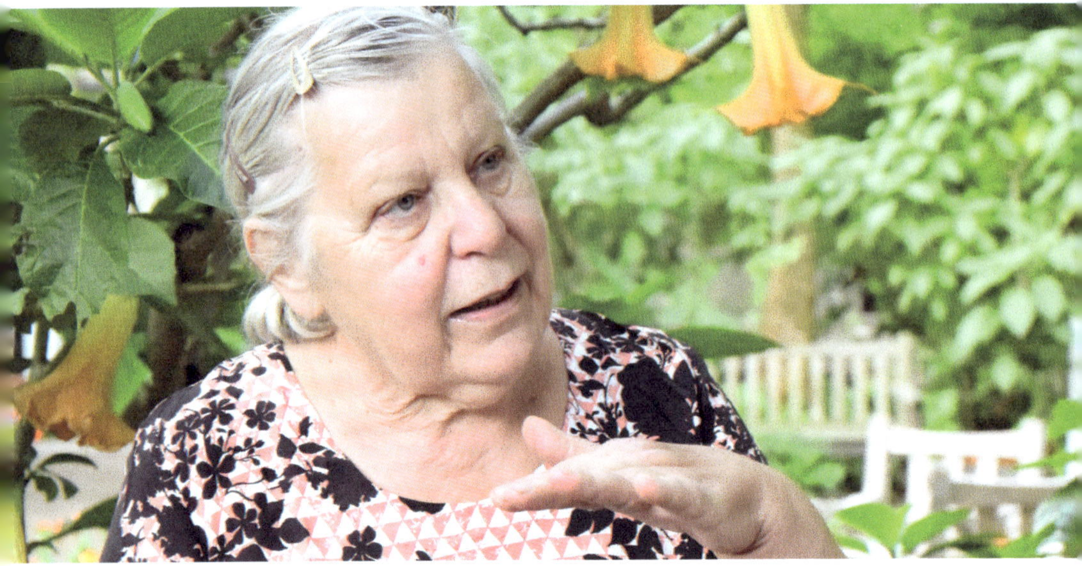

Ob ich wohl immer zu viel erwarte?

Dirk Schwarz

Es gibt keinen besseren Ort als einen Paradiesgarten, um über die »*Löcher*« zu sprechen, die die weit schweifenden Ideen von Dirk Schwarz in der Bollert-Initiative hinterlassen. Dirk Schwarz geht dabei durchaus selbstkritisch mit sich ins Gericht. Als offensiver Mensch zeigt er seine Haltung deutlich, vielleicht für viele zu ungeduldig und vehement. Dass die anderen ihn für einen halten, der mit dem Kopf durch die Wand will, ist ihm bekannt. Auch dass viele denken, er wolle seine Ideen nur aus geschäftlichem Interesse durchsetzen und die Initiative vor seinen Karren spannen. »*Aber es ist keiner da, der mal anruft und fragt, Dirk, wie haste das eigentlich gemeint, oder, kann ich dir dabei helfen? Keiner. Das macht mir auch ein bisschen Angst.*« sagt er ratlos und zeigt, wie verunsichert er in all den Jahren über seine Rolle geworden ist. »*Ob ich wohl immer zu viel erwarte?*«

Gunda und Dirk Schwarz erinnern sich an die ersten Ideen für ein Dorfzentrum in Volpriehausen, welches Schule, Kita, Gemeindehaus, Sporthalle mit Gastronomie, gemeinschaftlichem Kochen und Co-Working-Büros hätte verbinden sollen. Doch aus den großen Plänen wurde nichts.

Die Bollertdörfer hätten viele Ziele erreicht, sagt Gunda Schwarz wehmütig, »*aber immer nur auf Sparflamme. Es ist nichts so toll, wie es hätte sein können!*«

Es sind wiederkehrende Fragen, die unsere Reise durch die Bollertdörfer begleiten: Wie groß sollen die Projekte sein? Wie können Innovation und Tradition einander ergänzen? Wie lassen sich privates Unternehmertum und gemeinschaftliche Unternehmungen verbinden? Wie kommen die Leute an einen Tisch?

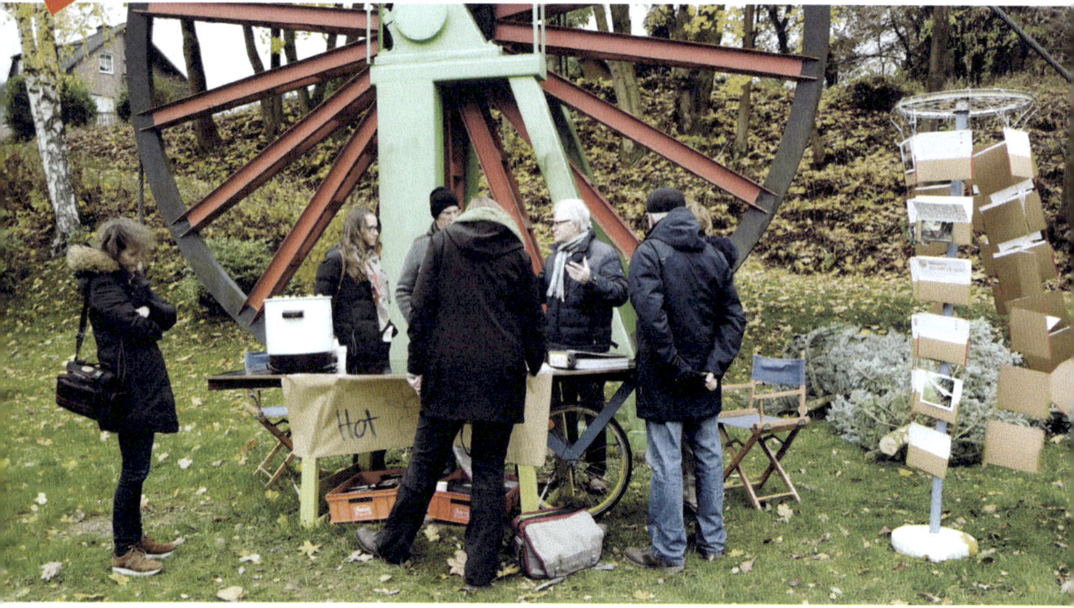
Hot

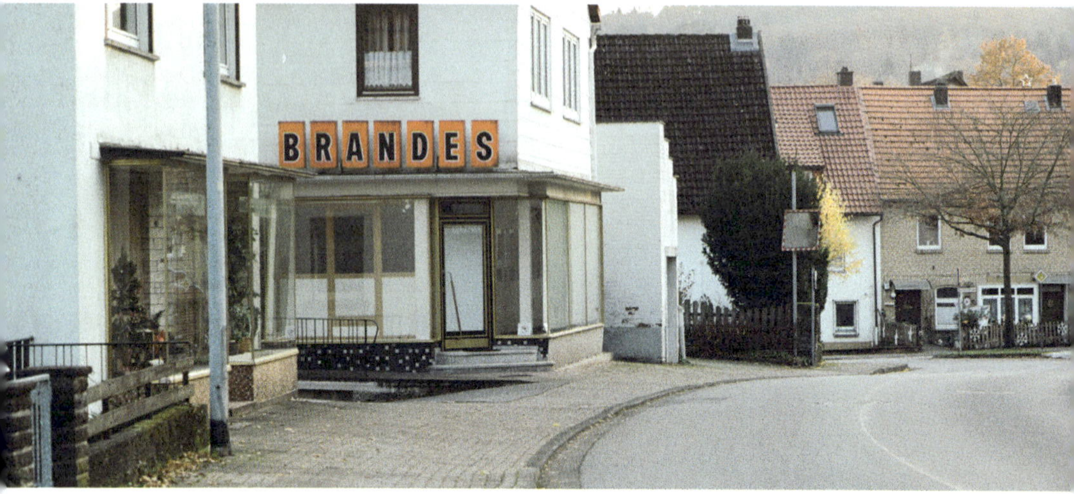
BRANDES

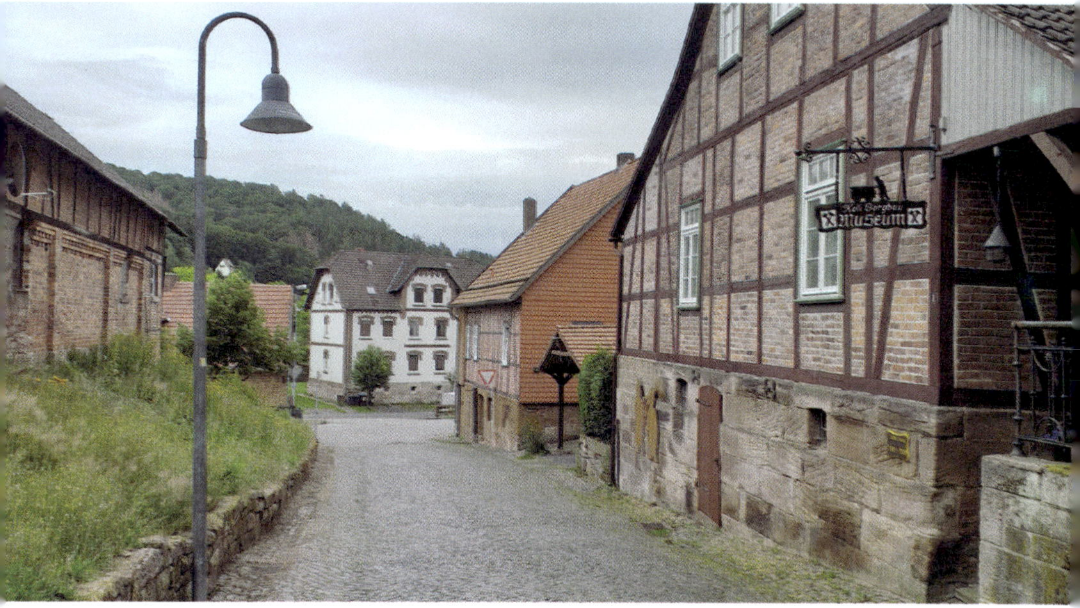
Museum

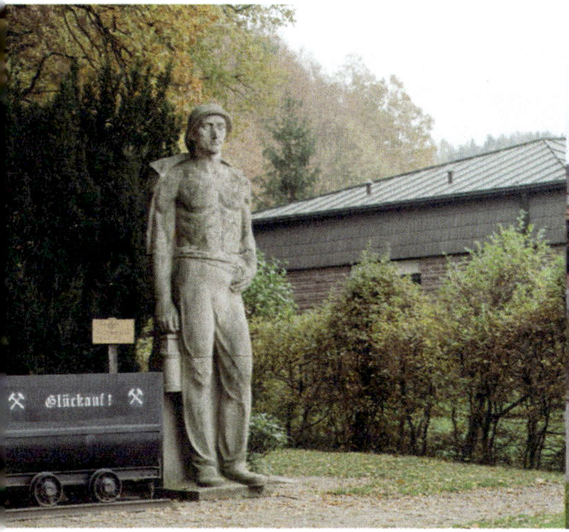
Glückauf!

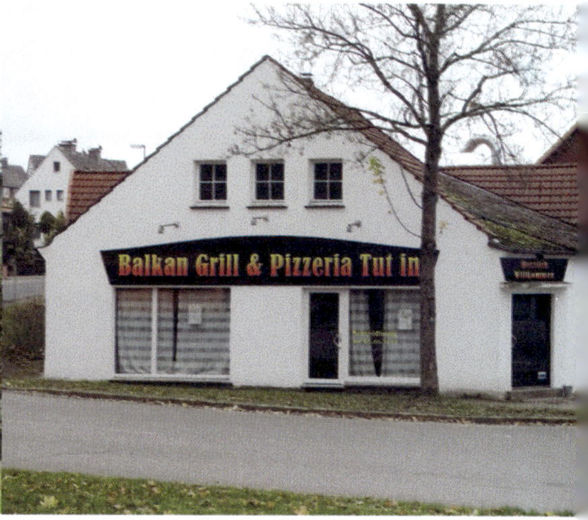
Balkan Grill & Pizzeria Tut in

Station 2: Volpriehausen

Volpriehausen, 1.200 Einwohner, bis 1938 gab es hier ein Stein- und Kalisalzbergwerk. Dann wurde die Anlage stillgelegt und zur größten Heeresmunitionsanstalt des Deutschen Reiches ausgebaut. Zwangsarbeiter und die Häftlinge eines Jugendkonzentrationslagers mussten Waffen für den Vernichtungskrieg der Wehrmacht produzieren und lagern. Nach dem Krieg siedelten sich viele Flüchtlinge im Dorf an. Es wurden neue Handwerks- und Industriebetriebe gegründet. Noch bis in die 1980er Jahre war der Ort ein bedeutendes und vermögendes »*Industriedorf*«. Heute sind die Hauptarbeitgeber auch hier ein Seniorenheim und das Landhotel der Familie Schwarz. Zu den Besonderheiten des Ortes gehören ein Kali-Bergbau-Museum, eine Bahnstation, die Rehbach-Grundschule mit Ganztagsbetrieb und das alte Freibad.

Mit unserem rollenden Tisch, heißem Apfelsaft und dem Ideenbaum wollen wir mit den Leuten ins Gespräch kommen und Geschichten und Fotos vom Freibad sammeln. Verabredeter Treffpunkt ist der »*Marktplatz*«. Die Apotheke ist neben der Sparkasse und einem Friseur jedoch das einzige Geschäft am Ort und so bauen wir unseren Tisch in deren Nähe vor einem ausgedienten Förderrad auf, das den Ort als altes Bergwerkdorf kennzeichnen soll. Weiter hinten, in einem kleinen Park steht eine überlebensgroße Bergmannsstatue aus der NS-Zeit, die 1974 wieder aufgestellt wurde.

Die einzigen, die sich zunächst für uns interessieren, sind zwei Frauen, die zur Arbeit im gegenüber liegenden »*Balkangrill*« kommen. Der öffnet um 15 Uhr, die beiden haben noch viel zu tun, es gibt »*echte Balkanküche*«. Ob denn die Leute aus dem Dorf zum Essen kämen? Nein, sagen sie, eher die Landsleute, die in Göttingen, Uslar und Northeim leben.

Schließlich taucht das Ehepaar Sprenger auf und hat einen selbstgedrehten Film dabei von der Wiedereröffnung des Freibades am 15. Mai 2009. Ortsbürgermeister Gerd Kimpel kommt dazu, der 2009 die Initiative mitgegründet hat und auch zu der Gruppe der Ehrenamtlichen gehört, die das Schwimmbad betreiben. Das Freibad zu retten war für ihn damals selbstverständlich, weil er schon als Kind mit dem Freibad aufgewachsen ist. Jetzt allerdings sei das mit dem Bad so eine Sache: »*Die Leute kommen heute nur noch, wenn es über 30° warm ist.*« Auch gäbe es kein hitzefrei mehr, und die Kinder hätten eh erst am späten Nachmittag Schulschluss. Und nun soll auch noch die B241 direkt am Schwimmbad vorbei gebaut werden, mit einer Baustellensituation, die mindestens fünf Jahre andauern wird. Trotzdem wolle man weiter dafür kämpfen, das Bad zu erhalten, sagt er.

Schnell wird klar, dass auch der Erhalt des Freibades in der Bollert-Initiative umstritten ist: Fünf Jahre lang Lärm und Staub in direkter Nachbarschaft, in der Zeit kann man das Bad nicht aufmachen. Und dann? Werden die Leute wieder kommen, wenn die Straße gebaut ist und der Verkehrslärm die Ruhe auf der Liegewiese stört? Lohnt es sich wirklich, in diesen Ort noch viel Arbeit und Geld zu investieren?

Station 3: Das Freibad

Das Freibad liegt in einer Senke unterhalb des Bahndamms, am Ortsausgang von Volpriehausen. Das Bad wurde 1933 errichtet, 1968 komplett umgebaut und hat trotz einiger Erweiterungen den 1960er Jahre-Look bis heute behalten. Selbst jetzt im Herbst, wo Ruhe eingekehrt ist, ist der Ort die perfekte Kulisse für Kindheitserinnerungen – ein aus der Zeit gefallener Ort, und gerade deshalb wunderschön.

2009 übernimmt der Bollerdörfer e.V. den Betrieb – ehrenamtlich vom Kassenhäuschen über die Sansibar bis zum Unkraut jäten. Stundenweise kommt eine hauptamtliche Schwimmmeisterin aus dem Hallenbad von Uslar, die auch die Technik wartet. Die Betriebskosten liegen zwischen 55.000 und 60.000 Euro. 32.000 bis 40.000 Euro kommen als Zuschüsse von der Stadt Uslar, der Rest muss durch Eintrittsgelder erwirtschaftet oder von Sponsoren gesammelt werden. Immer schon ein »*knappes Ding*« und jetzt stehen größere Sanierungsmaßnahmen an. Der Kreis der ehrenamtlich Aktiven bröckelt.

»*Wir haben das große Glück, dass wir Rentner haben, die praktisch die Berufe abbilden, die wir benötigen. Firmen könnten wir gar nicht bezahlen.*«, seufzt Gerd Kimpel. »*Da kommen Sie morgens um 11 ins Freibad, auf einmal sehen Sie, da ist eine Pumpe kaputt. Dann rufe ich Hansi an: Komm mal schnell hoch! – Aber wie sieht es in den nächsten Jahren aus? Die meisten sind über 70.*«

Sie glauben gar nicht, wie schwierig das ist

Gerd Kimpel

Gerd Kimpel ist 71 Jahre alt und zweiter Vorsitzender der Bollert-Initiative. Er sitzt für die CDU im Kreistag und im Rat der Stadt Uslar. Seit 2011 ist er Ortsbürgermeister von Volpriehausen. Alles im Ehrenamt. Dass die Bollert-Initiative überall positiv wahrgenommen wird, ist auch sein Verdienst als gut vernetzter Akteur auf den lokalpolitischen Ebenen. Er weiß, wie man die »*Vorarbeit*« machen muss, damit der Stadtrat zustimmt, wenn es um Zuwendungen für die Region geht. Der Ortsbeirat von Volpriehausen hat lediglich einen Jahresetat von zur Zeit 11.000 Euro und damit wenig Handlungsspielraum. »*Deswegen wird es auch immer schwieriger, junge Leute zu begeistern.*« bedauert Gerd Kimpel. Doch auch die Arbeitswelt lässt sich immer seltener mit ehrenamtlichen Tätigkeiten vereinbaren, weil immer weniger Leute einen klassischen Feierabend haben.

Wir sitzen im kirchlichen Gemeindesaal von Volpriehausen. Anders als die drei verbündeten Dörfer hat Volpriehausen kein eigenes Dorfgemeinschaftshaus sondern ein Abkommen mit der Kirche zur Mitnutzung getroffen. Auch hier Mehrzweckmöbel, an einer Pinnwand hängen die »*goldenen Regeln für den Konfirmanden-Unterricht*« und Kärtchen vom letzten Workshop, bei dem es offensichtlich ums »*Ankommen und zur Mitte finden*« ging. Während die Heizkörper langsam warm werden, nimmt unser Gespräch Fahrt auf – mitten hinein in die dörfliche Welt, die Gerd Kimpel seit seiner Jugend mitgestaltet. Und die sich nun aufzulösen scheint – mit ungewissem Ausgang.

Die Vereine brauchen ihre Identität, die Dörfer auch

»*Es war am Anfang der Grundgedanke, wir am Bollert gehören zusammen, wir machen das gemeinsam*«, sagt er. »*Aber es hat sich so bewahrheitet und es wird auch so bleiben: Man muss die Traditionen auch in den einzelnen Ortschaften behalten.*« So sei es zum Beispiel bisher nie gelungen – und, so Gerd Kimpel, auch nicht sinnvoll – dass die Dörfer ein gemeinsames Osterfeuer machen. Und auch mit der Fusion der jeweiligen Gesangsvereine sei das so eine Sache.

»Sie glauben gar nicht, wie schwierig das ist. Nur zum Beispiel: Der Männergesangsverein Volpriehausen und der von Gierswalde wollten zusammengehen. Das hat nicht funktioniert, weil dann viele aufhören würden. Die Kameradschaft, die man hat, die fällt dann weg.« Aber die könnte doch neu entstehen? *»Ja, das ist schwierig, muss ich Ihnen sagen. In der Stadt ist das was anderes. Ich seh' das ja in den anderen Dörfern. Die Gesangsvereine werden es sehr schwer haben. Unser Gesangsverein tritt nicht mehr öffentlich auf, weil es nur noch 13 Leute sind.«* Wir verstehen es immer noch nicht: Mögen die Vereinsleute der verschiedenen Dörfer sich denn untereinander nicht? *»Doch die mögen sich, aber dann hören die Älteren auf.«*

Es ist an diesem Nachmittag nicht möglich zu ergründen, warum die Sängergemeinschaft nicht auch dörferübergreifend funktionieren kann. Aber es ist schade, findet Kimpel. *»Wenn wir öffentliche Veranstaltungen hatten, hat immer der Gesangverein gesungen, mit 20 bis 23 Leuten, die hat man gern eingeladen. Dann sind die Frauen mitgekommen, dann hatten wir schon 40 Besucher! Und der Gesangverein liebt ja die Geselligkeit und geht nicht gleich nach Hause. Die bleiben sitzen, die Frauen trinken Kaffee und essen Kuchen, und die Männer trinken ein Bier. Und das fehlt eben einfach … Die Vereine brauchen ihre Identität. Die Dörfer auch. Und wenn so ein Verein weg bricht, dann bricht alles weg.«*

Doch Gerd Kimpel weiß, dass die jungen Leute die Zukunft der Vereine längst pragmatisch leben und zum Beispiel die Fußballvereine seit Jahren in überregionalen Spielervereinigungen organisieren. Das Leben in den Dörfern verändert sich, auch durch den Zuzug von Menschen aus der Stadt, vor allem aus Göttingen. *»Alle Häuser und Bauplätze sind verkauft.«* Darauf ist er auch stolz.

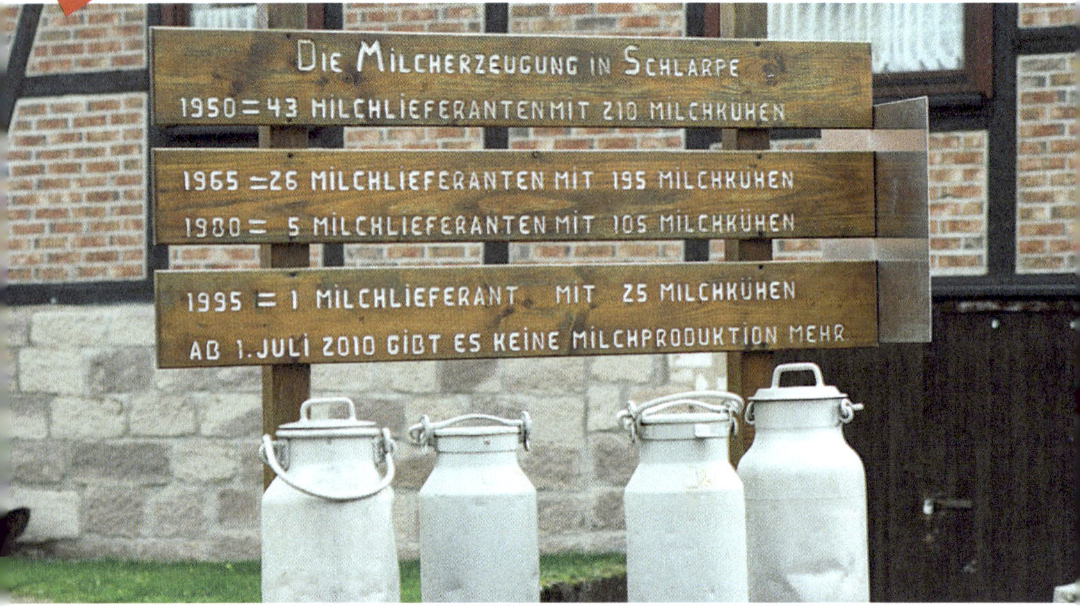
DIE MILCHERZEUGUNG IN SCHLARPE
1950 = 43 MILCHLIEFERANTEN MIT 210 MILCHKÜHEN
1965 = 26 MILCHLIEFERANTEN MIT 195 MILCHKÜHEN
1980 = 5 MILCHLIEFERANTEN MIT 105 MILCHKÜHEN
1995 = 1 MILCHLIEFERANT MIT 25 MILCHKÜHEN
AB 1. JULI 2010 GIBT ES KEINE MILCHPRODUKTION MEHR

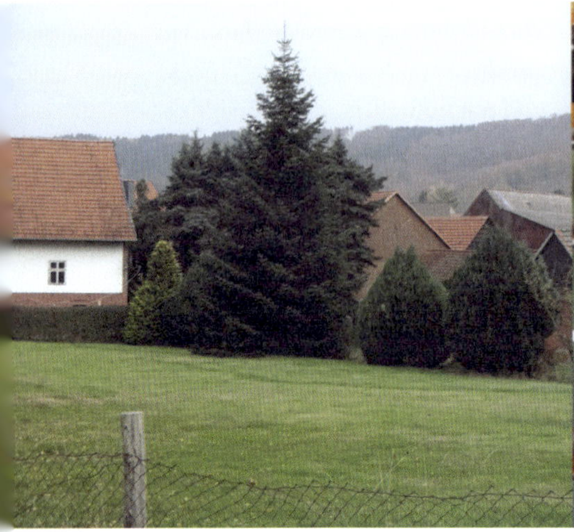

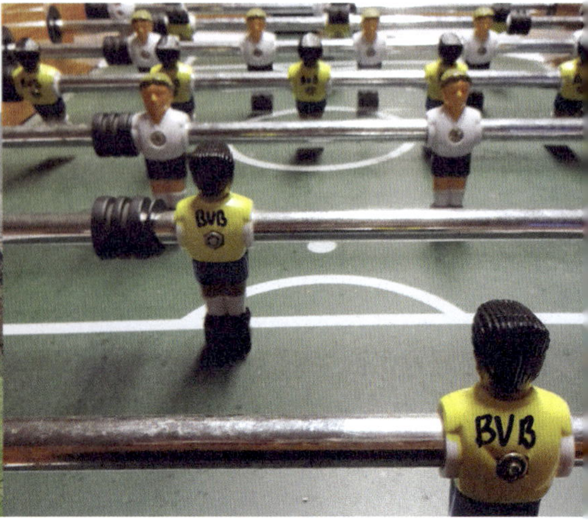
BVB
BVB

Schlarpe

Station 4: Schlarpe

Schlarpe mit 386 Einwohner*innen wird auch »*Heidelbeerdorf*« genannt. Doch in den Wäldern rings herum gibt es heute kaum noch Blaubeeren. Und im Dorf gibt es keine Bauernhöfe oder Handwerksbetriebe mehr. Das Seniorenheim ist auch hier der größte Arbeitgeber, die meisten Erwerbstätigen fahren zur Arbeit in die umliegenden Städte. Die lokale Identität von Schlarpe wird geprägt durch sechs Vereine: Den Heimatverein, den Sportverein, einen Fanclub vom VfL Borussia Mönchengladbach, den Junggesellenclub und den Trägerverein für das Dorfgemeinschaftshaus »*Gemeinschaftliches Schlarpe*«.

Früher war der Dorfstolz noch viel schlimmer
Annika Willke

»*Wir sind kein Schlafdorf!*«, sagt Annika Willke vom Vorstand der Bollert-Initiative gleich am Anfang unseres Gespräches über ihr Heimatdorf. Annika ist 40 Jahre alt und arbeitet wie Esther als Versicherungskauffrau. Auch sie hat die Dorfmoderatorinnen-Ausbildung absolviert. Im Freibad sorgt sie in der »*Sansibar*« für die Verpflegung der Gäste.

Als »*Schlarper Dorfkind*« ist sie mit einer ordentlichen Portion Lokalpatriotismus groß geworden. »*Selbst wenn man hier am Misthaufen eine Bierbude aufbauen würde, würden alle kommen.*« sagt sie stolz und fügt vergnügt hinzu: »*Früher war der Dorfstolz noch viel schlimmer.*« Annika erzählt vom Krieg im Schulbus zwischen den Schlarper und den Volpriehausener Kindern. Es gab wenig Freundschaften und Ehen zwischen den Dörfern. In den anderen Ortschaften hieß es: »*Wenn du eine Frau aus Schlarpe hast, brauchst du keinen Hofhund.*« Die an Derbheiten reiche Historie lässt erahnen, warum es die Dörfer bis heute so schwer haben, miteinander etwas zu schaffen. Seit einigen Jahren würden die Grenzen aber aufgebrochen, versichert uns Annika. Durch dorfübergreifende Ehen gebe es langsam eine »*Durchmischung*«. Und dann gibt es noch den Mutter-Kind-Kreis in Volpriehausen, an dem Frauen aus allen Dörfern teilnehmen und feststellen können, »*dass alle dieselben Probleme haben*«, erzählt sie lachend. Uns wird immer klarer, dass die Bollert-Initiative auch ein Integrationsprojekt ist mit der langwierigen Aufgabe, die Fremdheit zwischen benachbarten Dörfern zu überwinden.

Die Leute müssen wissen, was los ist

Andreas Stänger

Andreas Stänger, 55 Jahre alt , ist Vorsitzender des Vereins »*Gemeinschaftliches Schlarpe*« und Ortsbürgermeister in Personalunion, außerdem ist er der dritte im Team der Dorfmoderatoren.

Das Schlarper Dorfgemeinschaftshaus war früher eine Gaststätte. 2001 wurde sie von der Stadt Uslar gekauft, vom Verein »*Gemeinschaftliches Schlarpe*« kostenlos gepachtet und in Eigenregie komplett saniert. Jetzt gibt es wieder einen ehrenamtlich betriebenen Ausschank und eine Bibliothek, den Übungsraum der »*Plattsinger*«, einen Jugendraum und vorm Haus einen Bouleplatz.

Gerade findet in den großen Gasträumen die Schlarper »*Wursteprobe*« statt. Dieses Fest wird im Herbst in fast allen Dörfern der Region gefeiert. Im Mittelpunkt steht das gemeinsame »*Verkosten*« von Schlachtwurst, oft über mehrere Tage. Riesige Mengen von Bregenwurst mit Grünkohl oder gebratenem Mett werden in den nächsten Tagen in Schlarpe aufgetischt, täglich 100 bis 180 Portionen. Für Vegetarier*innen gibt es Kürbissuppe. Die Einnahmen fließen in die Finanzierung des Dorfgemeinschaftshauses. *»Die ersten Festtage stemmen zwei Vereine gemeinsam.«*, erzählt uns Andreas, *»Am Freitag holen wir uns Leute von außen, da wollen wir auch ein bisschen feiern.«*

Voller Stolz führt er uns durch das Dorfgemeinschaftshaus. Er begrüßt alle, die gerade bei den Vorbereitungen helfen, mit herzlichen Worten und stellt sie uns vor. Andreas ist Heizungsmonteur und hat das Haus von Anfang an mit umgebaut. Jetzt ist er Frührentner und widmet noch mehr seiner Zeit dem Dorfleben.

Sein letzter Coup: Ein Elektroauto, betrieben durch eine Photovoltaik-Anlage auf dem Dach des DGH. Das Auto können sich alle ausleihen, obendrein gibt es zwei Mal in der Woche einen verlässlichen Fahrdienst für die Älteren.

Sein Engagement ist auch motiviert durch das eigene Interesse: *»Wenn ich in 15 Jahren nicht mehr kann, dann hoffe ich, dass mich auch einer damit zum Einkaufen fährt.«*

Der Rundgang durch das DGH wird zu einer munteren Aneinanderreihung von vielen, kleinen Rezepten für ein lebendiges Dorf. Für das Projekt E-Auto zum Beispiel hat Andreas auf Anhieb eine Gruppe von zehn Leuten gefunden. *»Dann habe ich überlegt, wen brauchst du jetzt noch? Der Marc ist bestimmt nicht schlecht, weil irgendwann kommt mal was, wo du IT-mäßig was brauchst. Und dann denke ich: Steuerfragen kommen mit Sicherheit auch, dann bin ich zu meiner Schwägerin: Mensch, Silvia, wie sieht's denn aus … Und dann war sie mit dabei.*

Ich gucke dann schon, dass das zusammen passt, aber ich nehm' sie halt alle mit. Man kann nicht jeden für alles gebrauchen, aber zum Beispiel um das nachher zu verbreiten, ist es manchmal genauso wichtig, dass auch einer von den Plattsingers dabei ist, der es dann unter seinen Leuten erzählt. Und aus diesen größeren Kreisen haben wir dann unsere ehrenamtlichen Fahrer gezogen.«

Vieles laufe noch über die Lokalzeitung in Uslar, erzählt Andreas. *»Wenn ich was habe, dann gehe ich immer zu unserem Lokalredakteur, setze mich ihm gegenüber hin, hole meine Zettel raus und sage: So, Frank, hier habe ich vier Sachen … Die Leute müssen wissen, was los ist. Umso interessierter sind sie dann auch.«*

»Und manchmal musst du dich eben nach der ehrenamtlichen Arbeit noch ein bisschen versammeln und dann lädst du noch fünf Leute mehr ein, machst den Grill an und stellst 'ne Kiste Bier daneben und hast noch ein bisschen Spaß hinterher.«

Im Laufe des Abends lernen wir immer mehr Leute kennen, die sich in dem kleinen Dorf engagieren. *»Das sind viele, die früher mal im Junggesellenclub angefangen haben mit der Vorstandsarbeit. Und die haben alle Spaß daran und deshalb läuft es so, wie es läuft.«* erklärt uns Andreas. Einen Junggesellenclub als Nachwuchsschmiede fürs Ehrenamt gibt es in fast allen Bollertdörfern. Mit 15 Jahren können alle Jungs eintreten und bleiben dort bis zur Hochzeit. Zu den traditionellen Aufgaben gehört, das Osterfeuer zu organisieren und zu sichern oder den Maibaum aufzustellen. Der Zutritt zum Junggesellenclub bleibt den Mädchen verwehrt. Angeblich waren die froh, *»dass sie da nicht im Rauch sitzen mussten. Das ist ja nicht nur Spaß. Die Mädchen brachten uns aber den Kuchen.«* Den Schlarper Club gibt es seit 1971. Doch inzwischen lässt das Interesse nach. *»Es gibt wirklich Jugendliche, die gehen da nicht mehr hin«*, wundert sich Andreas Stänger. *»Obwohl die Väter auch dabei waren.«*

Den Leuten etwas zurückgeben
Jessica Wiegand und Jana Schulz

30 Jahre lang war Heinz Kühn Vorsitzender des Heimatvereins von Schlarpe. Als der alte Herr beschloss, dass es nun genug damit sei, fand sich ein Jahr lang niemand für seine Nachfolge. Dann haben sich zwei junge Frauen bereit erklärt, den Heimatverein zu übernehmen.

Jessica Wiegand ist 22 und Jana Schulze 26 Jahre alt. Jessica studiert Bauingenieurwesen in Hannover und träumt davon, irgendwann die Städte grüner zu machen. Jana ist im Polizeidienst in Göttingen. Beide wollen mindestens im Dorf, aber ganz sicher in der Bollertgegend bleiben.

Aus Pflicht- und Verantwortungsgefühl hätten sie das Amt übernommen, damit ein Verein, der nun schon so lange existiert, erhalten bleibt. Sie blicken zurück auf ihre noch nicht allzu ferne Kindheit und Jugend. Mit der hier üblichen Rollenverteilung, die die Mädchen und jungen Frauen von wichtigen Aktivitäten im Dorf ausschließt, gehen sie entspannt um: *»Egal, lass die Jungs machen, wir waren ja auch bei Fahrten und Feiern immer dabei.«* Die traditionellen Geschlechterrollen würden sich auch in den Bollertdörfern gerade ändern, meinen die beiden Frauen, die mit der Übernahme des Heimatvereins auch eine Art Paradigmenwechsel vornehmen:

»Früher gab es immer das Heidelbeerfest, eine alte Tradition mit Wahl der Heidelbeerkönigin«, erzählen die beiden. Jessica war selbst einmal die Königin. Irgendwann wurde im Radio darüber berichtet, da kamen die Massen, das Fest wurde immer größer und immer weniger ein Fest für die Dorfbewohner. *»Wir rackern uns ab für Leute von außen, die billig Kuchen essen wollen«*, stellten die beiden fest und wollten lieber den Leuten im Dorf etwas zurückgeben. Also organisierten sie nur für das Dorf ein Heidelbeerfrühstück am Bollertteich und pflanzten dort eine Blumenwiese und Heidelbeerbüsche.

*»Wir wollen uns das Leben schön machen, generationsübergreifend, weg von der Reizüberflutung.«* Es gäbe ein Überangebot an Festen und Events, sagen sie. Die beiden Frauen wollen ihre Energie lieber in kleinere Aktionen stecken: Müllsammelaktionen, Fahrten in andere Dörfer, ein Lehrgang zum richtigen Beschneiden von Bäumen, Vorträge über andere Länder, eine mobile Saftpresse organisieren für die Streuobstwiese, ein Boßelturnier.

Das einzige Ziel hieß: Begegnung

Gisela Jordan

Im September 2011 gelang außer der Freibad- und Schulrettung noch eine große und dorfübergreifende Aktion. Davon erzählt uns Gisela Jordan. Die Arzthelferin, Mitte 60, ist in Schlarpe geboren, lebt in Delliehausen, und hat in Volpriehausen gearbeitet – sie fühlt sich allen Dörfern verbunden. Als eine der Anfangs-Aktivist*innen der Initiative hatte sie die Idee zum Festival »*Musik, Schmaus, Bewegung*«. Vorbild war das Weinstraßenfest in der Pfalz. Mit vielen Helfer*innen und Wochen voller Arbeit gelang tatsächlich ein rauschendes Fest, das viel Hoffnung machte auf die neue gemeinsame Kraft. Tausende verschiedene Sonnenblumen wurden in Schule und Seniorenheimen gebastelt als Schmuck für eine knapp 24 km lange Wanderstrecke durch die Bollertdörfer. In jedem Dorf sorgten die Vereine von 10 bis 17 Uhr für leckeres Essen, Getränke und ein Musikprogramm. Das Wetter wurde pünktlich großartig und Neugierige konnten überall einsteigen – es gab keinen Start und kein Ende. Das einzige Ziel hieß: Begegnung. Für jene, die nicht die ganze Runde schaffen wollten, gab es einen Transfer für die Rückfahrt. Gisela Jordan erinnert sich mit leuchtenden Augen und mit Wehmut. Das opulente Freudenfest blieb ein einmaliges Ereignis.

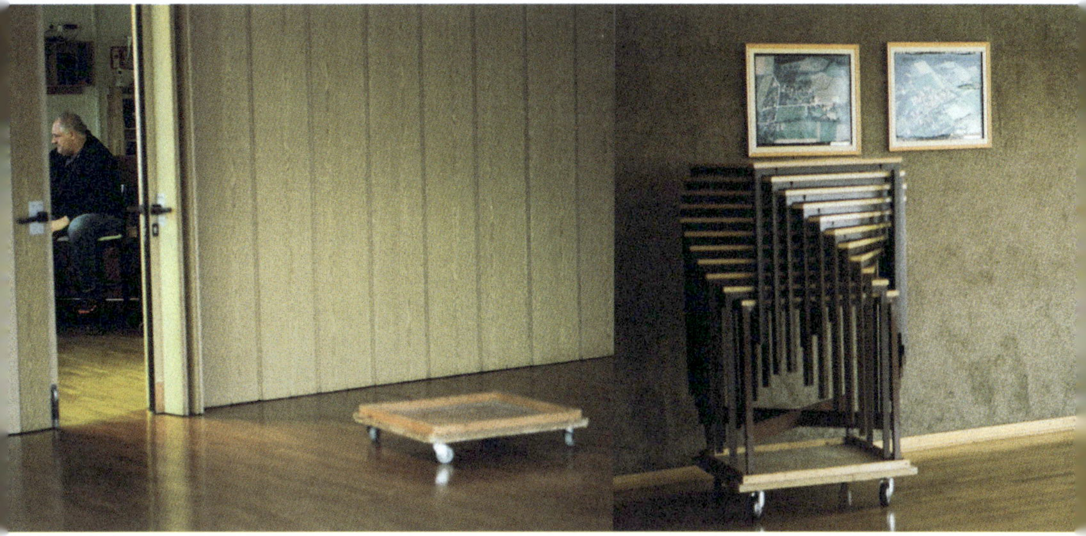

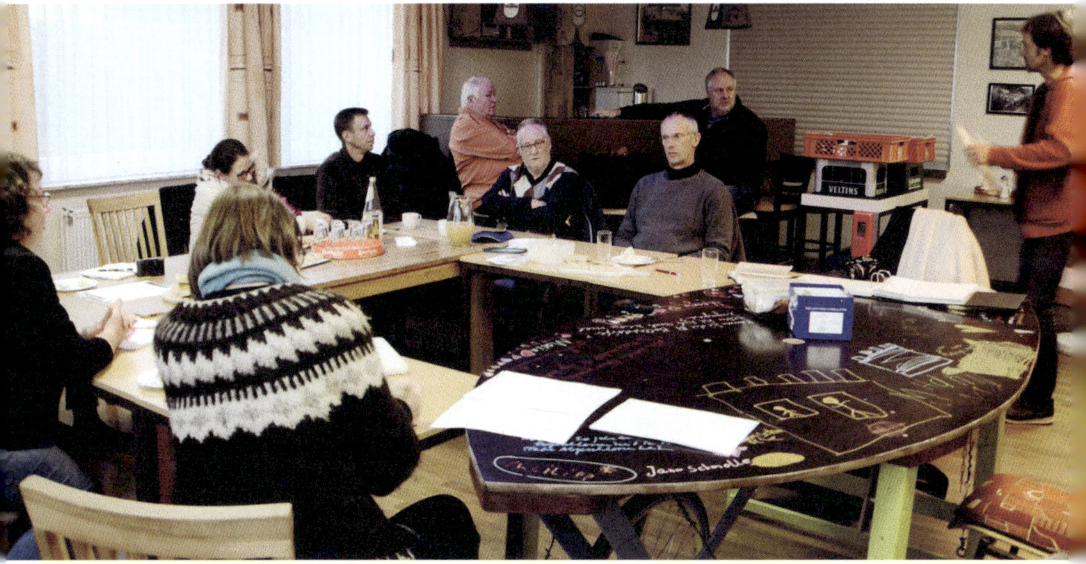
VELTINS

Station 5: Gierswalde

Auch in Gierswalde gibt es ein Dorfgemeinschaftshaus, einen Heimatverein, einen Junggesellenclub, einen Sportverein. Doch im Heimatverein ist der Mitgliederstand in den letzten 10 Jahren von 140 auf 35 zurückgegangen. Der Ort ist mit 248 Einwohnern der kleinste im Quartett der Bollertdörfer. Die Zahl der Einwohner sinkt. Ortsbürgermeister Bernhard Ruwisch drückt uns zur Begrüßung einen Stapel Papier in die Hand: Die örtliche Bevölkerungsstatistik, die die Misere des Dorfes sorgfältig in Zahlen fasst.

Unser Treffen findet auch hier im DGH statt, die Abkürzung geht uns inzwischen gut von den Lippen. Sibylle Damme, die für die Vermietungen und Termine zuständig ist und sich außerdem im Sportverein und im Ortsrat engagiert, erzählt, was im Haus alles stattfindet. Und das ist eine ganze Menge, fast jeden Tag gibt es eine Veranstaltung. Wo also ist das Problem? *»Nächste Woche treffen wir uns«*, erzählt sie, *»um unsere Veranstaltungstermine zusammen zu bringen. Wäre schön, wenn da mal mehr mitmachen, da steckt auch viel Arbeit dahinter«*, seufzt sie. Damit ist das Thema gesetzt, das uns durch den weiteren Nachmittag begleitet.

Wieder befinden wir uns in einem Multifunktionsraum, hier mit kleiner Holztheke in einer Ecke. Die Tische werden flugs zu einem Kreis zusammengestellt. Der Ortsvorsteher bleibt dann aber doch lieber an der Theke sitzen, mit 77 Jahren ist er der Älteste im Raum und ein Schwergewicht in Sachen Vereinsarbeit: 30 Jahre Vorsitzender im Sportverein, 30 Jahre Kassenwart bei der Jagdgenossenschaft, 10 Jahre Vorsitz der Jagdgenossenschaft, 19 Jahre im Ortsrat.

Sven Tilch, der 1. Vorsitzende vom Trägerverein des DGH, setzt sich neben Ruwisch an die Theke. Er ist Betreiber von Kur- und Seniorenheimen an sieben Standorten in der Region und damit die unternehmerische Größe in dieser Runde.

Unterhalb der beiden sitzen mit uns Sibylle Damme, Reinhard Klinge, der als ehemaliger Kassenwart einen Vortrag über die Anfänge der Bollert-Initiative vorbereitet hat, Markus Heiermann, der seit 2007 dem Heimatverein vorsitzt und Uli Siebrecht, Vorsitzender vom noch jungen *»Förderverein Spritzenhaus«*. Auch Esther ist wieder dabei. Ihre kleine Tochter sitzt geduldig malend mit am Tisch.

Wie kann man die Leute zurück holen?

Die Atmosphäre ist angespannt, man spürt die Fliehkräfte im Raum. Das leidige Freibad; Geld, das irgendwo versickere, wo es nicht hingehöre; kleine Töpfe, die nicht in großen Töpfen untergehen wollen; die Alleingänge der anderen … Schwere Vorwürfe, die längst hätten geklärt werden müssen, überfordern die ganze Runde und verhindern, dass wir wirklich ins Gespräch miteinander kommen können. In der kurzen Zeit unseres Besuches werden wir nicht verstehen, in welche Konflikte die Leute hier geraten sind. Immer wieder aber wird deutlich, dass mehr Transparenz und bessere Kommunikationsstrukturen einiges leichter machen würden.

Esther sagt selbstkritisch: *»Was definitiv immer schlecht gelaufen ist, ist, dass meistens nichts schriftlich fixiert wurde. Sonst hätte man immer mal nachlesen können und sagen, so und so haben wir das aber besprochen.«*

In Gierswalde bleiben der Stolz auf das eigene DGH und viel Separatismus, auch im eigenen Dorf. Uli Siebrecht berichtet als einziger mit großer Begeisterung über sein Projekt, das alte Spritzenhaus zum kleinen Museum und Treffpunkt herzurichten. Er erklärt: *»In den Vereinen hier hat sich auch der ein oder andere richtig reingehängt und hat sich engagiert und auf Granit gebissen. Wenn Ehrenamtliche an Konflikte kommen, die sich nicht klären lassen, dann gehen sie. Und kommen von alleine nie wieder in die aktive Dorfgemeinschaft zurück. Wie kann man diese Leute zurück holen? Nicht jammern über die niedrige Geburtenrate, sondern mit den Leuten, die da sind, aus dem Quark kommen!«*

*Unkomplizierte Wegzehrung,
die viele Menschen satt macht.*

Focaccia

Aus 650 g Mehl*, 1 Päckchen frischer Hefe,
200 g gekochten und geriebenen Kartoffeln,
1 Esslöffel Salz und 200 ml Wasser einen
Hefeteig bereiten, zu einer Kugel formen und
2 Stunden an einem warmen Ort abgedeckt
gehen lassen. Ein Backblech mit Olivenöl gut
einfetten, den Teig 1 cm dick ausrollen. Zwei
klein geschnittene Knoblauchzehen in den Teig
drücken. Halbierte Kirschtomaten, Oliven,
Oregano oder Rosmarin und reichlich Olivenöl
über den Teig verteilen. Im vorgeheizten Back-
ofen bei 225°C ca. 20 - 25 Minuten
goldbraun backen.

Kartoffelkäse

Unkomplizierter, sehr leckerer Brotaufstrich:
Etwa drei Kartoffeln* mit einer sehr fein
geschnittenen Zwiebel und 200 g Schmand
vermengen. Mit der Gabel zerdrücken und
schlagen, bis die Masse cremig wird. Nach
Geschmack Salz und Pfeffer dazu. Es braucht
ein bisschen Zeit und Kraft, deshalb bei größeren Mengen besser einen Pürierstab benutzen.

*Zutaten für kleine Treffen.
Bei großem Andrang einfach vervielfachen …

Station 6: Die Grundschule

In den 1970er Jahren wurden in Schlarpe, Gierswalde und Delliehausen die Grundschulen aufgelöst. Alle Kinder aus den vier Bollertdörfern kamen nach Volpriehausen auf die Rehbachschule.

2008 sollte auch die Rehbachschule geschlossen werden. Die Kinder aus den insgesamt 18 Dörfern des Stadtgebietes Uslar sollten auf eine zentrale Schule gehen. Die Bollert-Initiative schmiedete einen Rettungsplan für die Rehbachschule, Kern war die Umwandlung in eine Ganztagsschule. Das Konzept der Ganztagsschulen war damals in Niedersachsen noch relativ jung, in Uslar gänzlich neu. Thorsten Möhlenhoff, von Beruf Förster und Vater von zwei Kindern, setzte sich den Schulrettungs-Hut auf und wurde mit einer festen Gruppe von zehn bis zwölf Leuten aktiv.

Du musst die Politik immer einladen!

Thorsten Möhlenhoff

Das Schulrettungsteam setzte von Anfang an auf Verbündung und Transparenz, erzählt Thorsten. Sie informierten die anderen drei Grundschulen in der Gemeinde über die Pläne. (Diese sahen damals noch keinen Handlungsbedarf und zogen erst in den folgenden Jahren nach. Heute haben alle vier Schulen Ganztagsbetrieb, keine einzige wurde geschlossen.) Gemeinsam mit dem pädagogischen Team wurde das Schulkonzept angepasst. Die Schulretter luden Eltern, Verwaltung und Politik offensiv zu allen folgenden Veranstaltungen ein. Sie organisierten eine Bedarfsumfrage, holten Lehrer, pädagogische Mitarbeiter und Organisatoren von schon bestehenden Ganztagsschulen als Referent*innen zu ihren Info-Veranstaltungen. Thorsten sagt: *»Du musst die Politik immer einladen! Die lokale Politik und die Verwaltung waren von Anfang an dabei und dadurch mit im Boot.«*

Die Schule bleibt erhalten und Thorsten organisiert über die Bollert-Initiative seit 10 Jahren unermüdlich den Ganztagsbetrieb. Auch wenn seine Kinder längst nicht mehr dabei sind. Ehrenamtlich. Das Geld, das die Intiative von der Landesschulbehörde und der Stadt für den Ganztagsbetrieb bekommt, reicht für's Mittagessen, für die Mensa- und Busaufsicht und für eine geringfügige Entlohnung der Kursleiter*innen. Für die Organisationsarbeit ist kein Etat vorgesehen. Wenig motivierend ist außerdem, dass die Landesschulbehörde mit der »*externen Kooperationspartnerin*« Bollert-Initiative nie auf Augenhöhe arbeitet, erzählt Thorsten. Stattdessen läuft der Austausch über Eck: »*Die Landesschulbehörde diktiert die Verpflichtungen an uns ausschließlich über die Schulleitung. Immer wenn ich bei den Gesprächen mit dabei sein wollte, wurde das von der Landesschulbehörde abgewiesen.*«

Da muss jeder jedem danken!

Trotz allem gelingt es Jahr für Jahr, den Kindern ein tolles Programm zu bieten. Das ist schon so selbstverständlich geworden, dass viele Eltern die attraktivsten Angebote für ihre Kinder einfordern, ohne die Bollert-Initiative zum Beispiel durch eine Mitgliedschaft zu stärken (Jahresbeitrag 12 Euro). Erst recht scheint niemand in Erwägung zu ziehen, Thorsten in seiner Aufgabe abzulösen. Seine bisherigen Versuche, unter den Eltern Nachfolger*innen zu finden, blieben bisher ergebnislos. Inzwischen besitzt er eine gehörige Portion Routine, und einen Großteil der Arbeit übernimmt die neue, engagierte Schulleiterin Sandra Sauerbrei. Die will er nicht im Stich lassen. Und er ist stolz auf das tolle Team: »*Da muss jeder jedem danken! Das ist echt schön, man kann sich auf alle verlassen!*«

Blick nach vorne

Stefanie Möhlenhoff

Auch Thorstens Frau Stefanie Möhlenhoff ist von Beginn an in der Bollert-Initiative. Zehn Jahre nach Gründung ist sie die neue Vorsitzende des Vereins. Sie hat von Anfang an in Eigenregie viele kleine, schöne Projekte ins Leben gerufen. In der Stadtverwaltung Uslar ist sie zuständig für regionale Wirtschaftsförderung und hat den passenden Beruf, die Lust und die Spürnase, um Fördertöpfe zu ertrüffeln. Dann denkt sie sich ein ihrer Meinung nach passendes Projekt dazu aus – mit einem klaren Ziel und absehbarem Ende. Entstanden sind zum Beispiel künstlerische Objekte im Freibad, in der Kita, an den Dorfeingängen oder Kunstprojekte mit den Schulkindern. Stefanie setzt einfach um. Offenbar ohne Widerstände schafft sie es, andere Menschen zu begeistern.

Im Frühjahr 2019 gelingt es ihr mit der Aktion »*Der Bollert blüht auf!*« das erste Mal seit Jahren wieder, dass viele Menschen aus allen vier Dörfern gemeinsam arbeiten. »*Ökologisch sinnvolle Blumenflächen*« sollen angelegt werden. In dieser für alle leicht verständlichen Pflanzaktion werden Tausende Blumenzwiebeln gesetzt, wo es vorher nur »*Straßenbegleitgrün*« gab, also blütenlos geschorenen Rasen. Dass letztlich auch einige Männer aus den Flüchtlingsfamilien dabei sind, ist nur eine Facette des gelungenen Integrationsprojektes.

Stefanie drängte sich nicht um den neuen Posten. Sie übernahm den Vorstand vom Gründungsvorsitzenden und Rechtsanwalt Ulrich Sander, weil kein anderer sich zur Wahl stellte und sie die Bollert-Initiative am Leben halten wollte. Sie will die Initiative neu beleben. Zu den monatlichen Vorstandssitzungen sind jetzt alle Bürger*innen der Dörfer geladen. Für den Vorstand wünscht sie sich möglichst aus jedem Ort zusätzliche beratende Mitglieder.

Wie gelingt es ihr immer wieder, Menschen zu aktivieren? Vielleicht liegt es daran, dass sie Leute gern und viel um Rat fragt. Sie erzählt einfach, was gerade nicht geht. Die Kompetenz der anderen zu suchen, ist auch eine Form

der Wertschätzung. Stefanie macht damit immer wieder die Erfahrung, offene Türen einzurennen. Die Lösung des Problems nimmt ihren Lauf: Die Gefragten regeln es selbst oder erzählen es wiederum weiter. Über Ecken kommen Antworten und Hilfsangebote ins Haus.

Nischen finden

Esther hat in Volpriehausen eine Initiative gestartet, die Patenschaften für Neulinge im Dorf übernimmt und sie willkommen heißt. Sie glaubt nicht, dass der Wandlungsprozess in ein »Schlafdorf« aufzuhalten ist. »*Man muss aber gucken, wie man in diesem Wandel seine Nische finden kann*«, denkt sie.

Ihr größter Wunsch ist es, möglichst viele Leute »*wieder an den Laden zu kriegen*« und das Potential zu wecken, das in so Vielen stecke. Ein Schritt dahin wäre eine **Potential-Liste. Die vermerkt: Wer kann eigentlich was? Wer hat mit welchen Expert*innen schon mal gute Erfahrungen gemacht? Wer kennt wen, der oder die was kann? Wenn diese Informationen gesammelt und für alle zugänglich werden – ob als Visitenkartenkästchen oder in einer Datei, die alle einsehen und weiter schreiben können – dann ist das ein guter Grundstein für ein kompetentes Netzwerk und erspart im Ernstfall aufgeregtes Suchen.**

Ob das Freibad weiterhin zu den zukunftsträchtigen Nischen gehören wird, muss sich erst noch zeigen. Im März 2019 fand dazu ein Bürgerforum statt, moderiert von den zwei Dorfmoderatorinnen Esther und Annika. Sie haben es vorerst geschafft, die Leute wieder für den Erhalt des Freibades zu mobilisieren. Gemeinsam mit Stefanie bewarben sie sich erfolgreich um die Aufnahme in das Dorfentwicklungsprogramm des Landes Niedersachsen, in dem auch die Sanierung des Freibades veranschlagt ist.

Kleine Schritte oder große Sprünge?

Für Dirk Schwarz wäre der Bau der Straße ein guter Zeitpunkt, um endlich einen Schlussstrich unter das Thema Freibad zu setzen. Er möchte lieber die Kräfte sammeln für etwas Neues. Schon vor Jahren stand fest, dass die Straße irgendwann gebaut wird. *»Da hätte man doch sagen müssen: So Leute, jetzt ist das Ende abzusehen, jetzt lasst uns zusammen kommen, ihr habt fünf Jahre hier geackert, hier müssen wir jetzt zusammen eine klare Zukunftsperspektive suchen.«* sagt er. *»Klar wollen die Bürger das Schwimmbad erhalten! Aber wenn man ihnen eine Alternative gibt…«*

Dirk Schwarz hat aus dem Füllhorn seiner vielen, weltweit gesammelten Ideen wieder eine Alternative entwickelt. Im Februar 2020 hat er sie im DGH Gierswalde vorgestellt: *»Der Naturfamilienpark Rehbachtal«*: Ein attraktiver, kommerzieller Wasserspielplatz in der Bollertregion. Vielleicht in Kombination mit einem Adventure-Minigolf-Platz zwischen Volpriehausen und Gierswalde. Von März bis November geöffnet anstatt der drei kurzen Monate Freibadsaison, ein Anziehungspunkt für Touristen und für die Leute in der Region.

Der neue Vorstand der Initiative unterstützt das Projekt, kann sich aber vom ideell so bedeutenden Freibad nicht lösen. Beide Projekte parallel zu betreiben halten alle Seiten für aussichtslos. Und so zeigt die Waage derzeit in Richtung Freibad. Die Zuschussgelder aus Uslar wurden auch 2020 noch in eine neue Zuwegung zum – zur Zeit geschlossenen – Schwimmbad investiert.

Vielleicht muss Famile Schwarz das Projekt mit anderen Partnern realisieren, ohne die Initiative? Denn dauerhaft so große Projekte ehrenamtlich zu tragen, ist unmöglich. Was ist eine kommunale Aufgabe, was ist privat, was kollektiv? Wäre es nicht großartig, wenn es das gäbe: Eine gemeinsame Vision, wie sich die Region ökologisch nachhaltig weiterentwickelt und deren Realisierung auf viele Schultern verteilt wird? Entwickelt in einem offenen und wohlmeinenden Austausch mit allen Beteiligten und jenen, die noch aktiv werden wollen.

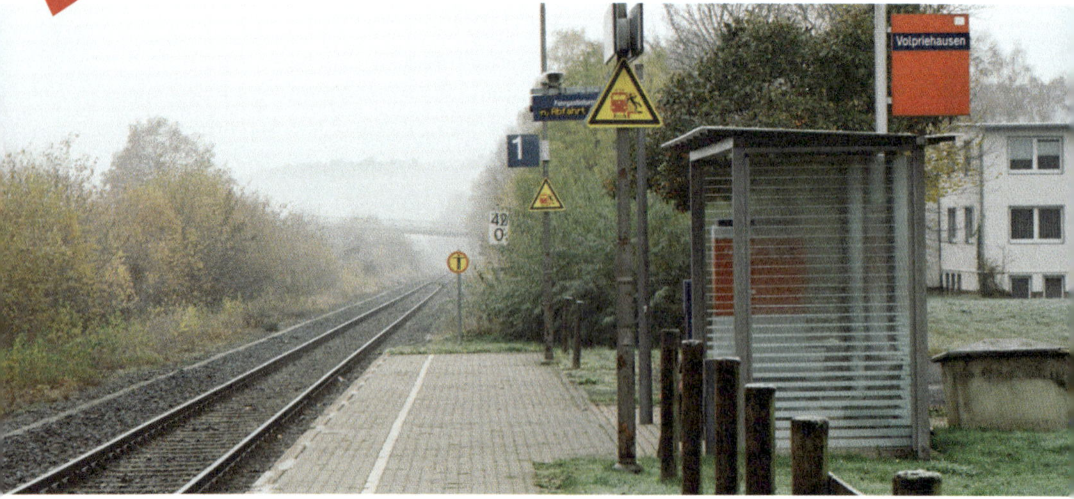
Volpriehausen
1

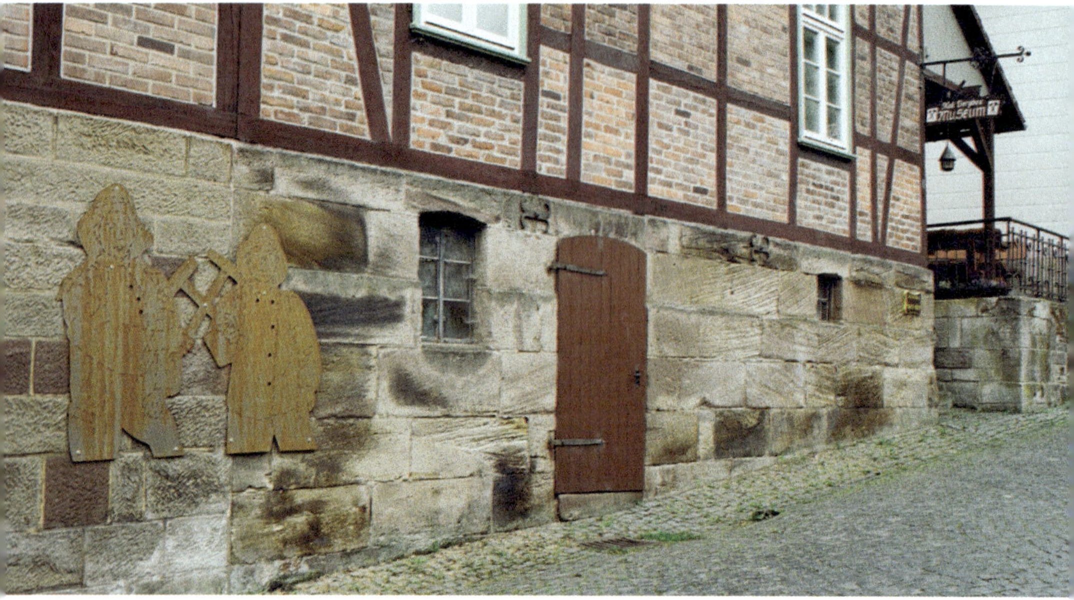
Museum

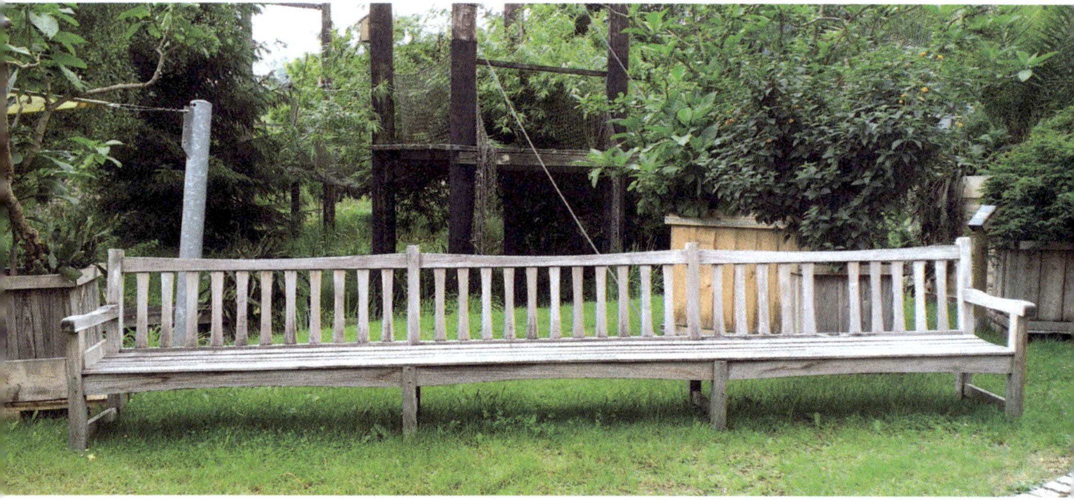

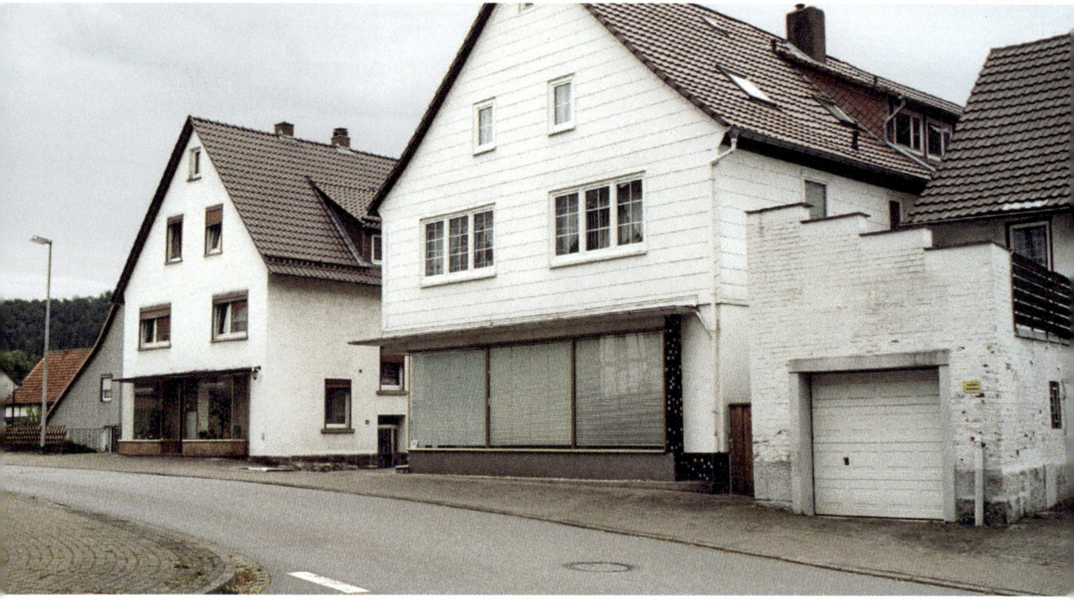

Exkurs Dorfmoderator*innen-Ausbildung

Im Land Niedersachen können sich Aktive zu Dorfmoderator*innen ausbilden lassen. In einem Telefoninterview sprechen wir mit Tanja Dornieden: Diplom Geografin, Moderatorin, Mediatorin und Lehrbeauftragte an der HAWK in Hildesheim/Holzminden/Göttingen. In ihrer eigenen Firma arbeitet sie vor allem mit Kommunen an deren Kommunikationsprozessen (»*KoKo Kommunikation Konsens Konzept*«). Tanja Dornieden hat maßgebliche Teile der Ausbildung zur Dorfmoderator*in konzipiert und arbeitet auch in der praktischen Qualifizierung.

Das Bildungsangebot läuft über zwei Wochenenden und will ehrenamtlich arbeitende Menschen in ihrem Engagement unterstützen. Das reicht von einer Einführung in die mögliche Förderkulisse bis zum Verständnis für kommunale Verwaltungsstrukturen, Herausforderungen des demographischen Wandels, Baukultur, Leerstand und Versorgungsstrukturen. Wie können wir das als Ort GEMEINSAM gut auf die Reihe bekommen? Dorfmoderator*innen sollen befähigt werden, Dorfentwicklungsprozesse mit anzustoßen, zu koordinieren und zu gestalten. Für Tanja Dornieden ist die Ausbildung ein Beitrag zur Demokratiestärkung.

»*Der größte Gewinn*«, so Tanja Dorniden, »*entsteht über die Erfahrungen der Anderen.*« Die Teilnehmer*innen kommen alle aus dem aktiven Ehrenamt. Es sind Menschen mit viel Geschick und erheblichen Kompetenzen, durch die sie bereits eine wichtige Rolle im Ort ausfüllen.

Die Ausbildung nimmt die Themen auf, die im Handlungsraum Dorf und Dorfgemeinschaft wichtig sind. Zugleich ist aber auch Raum für die Schwerpunkte der Teilnehmenden: Start einer Initiative, Suche nach passenden Mitstreiter*innen, die Verteilung von Verantwortung auf viele Schultern, die eigene Entlastung und das schwierige Loslassen, wenn ein Projekt offenbar noch nicht in die Welt passt.

»Eine wichtige Lernaufgabe ist es, auszuhalten, wenn Dinge nicht funktionieren.«, sagt Tanja Dornieden. »Ganz bewusst sich auch rausziehen, Platz machen für andere. Wenn man diese Lücke lässt, kann es sein, dass da jemand reingeht. Wenn man diese Lücke selber füllt, geht da garantiert keiner rein. Macht ja schon einer, dem will das auch niemand wegnehmen. Also: Anschieben und unterstützen ist gut aber nicht dauernd immer alles selber machen!«

In der Regel schlagen Ortsräte die Dorfmoderator*innen zur Ausbildung vor. *»Wenn ein Ortsrat eine fähige Gruppe hinter sich hat, die bestimmte Themen vor- und mitdenkt, dann kann er auf höherer Ebene ganz anders agieren und mehr bewirken.«* Das würde das politische Amt auch für den Nachwuchs wieder attraktiver werden lassen. **Gut wäre es, wenn der oder die Ortsbürgermeister*in und mindestens eine weitere Person gemeinsam in die Fortbildung gehen. Je mehr Personen aus einem Ort, desto besser. Dann möglichst in einer Mischung von Einheimischen und Zugezogenen, ein Team mit unterschiedlichen Kompetenzen, das nicht immer aus denselben Kreisen kommt.**

*»Ein bleibender Austausch der Dorfmoderator*innen ist unbedingt wünschenswert. So können Informationen fließen, Erfolge gemeinsam gefeiert oder Fehlschläge aufgefangen werden. Das Miteinander der Dorfmoderator*innen stärkt und entlastet gleichermaßen, auch wenn mal Gelegenheit ist, sich im Gespräch mit anderen selbst auf die Schliche zu kommen: Wieso mache ich das eigentlich? Was genau ist mir wichtig?«* Und immer wieder gilt: *»Du kannst eine Idee ins Dorf holen oder aufgreifen, dazu einladen, darüber zu sprechen. Wenn keiner mitmacht, dann ist es vielleicht gerade nicht das große Thema für die Anderen. Vielleicht ist es nur deins. Vielleicht braucht es noch Zeit.«*

BALLENSTEDT – BERGE VERSETZEN

12. - 14. März 2020

Stellen Sie sich vor, Ihre Stadt wäre wunderbar ...

Bei der Recherche im Internet stoßen wir auf das auffallend schön gestaltete Internetportal heimatbewegen.de. Fünf junge Frauen aus Ballenstedt in Sachsen-Anhalt wollen »*aus Liebe und Leidenschaft*« **Bewegung in ihren Heimatort bringen, und gründen 2017 einen Verein:** »*Mit dem Verein heimatBEWEGEN wollen wir einen Ort schaffen, der uns Raum lässt für Begegnungen, Kreativität, Ideen, Projekte, Träume, Fähigkeiten und Gewissheiten, auf deren Basis wir für uns, unsere Familien und vor allem für unsere Kinder an einer guten Zukunft bauen können.*« **Mit fröhlichem Überschwang sprechen sie eine Einladung an alle Bürgerinnen und Bürger von Ballenstedt aus, sich zu engagieren:** »*Stellen Sie sich vor, Ihre Stadt wäre wunderbar und Sie sind schuld daran.*«

Ballenstedt ist eine ländlich geprägte Kleinstadt im nordöstlichen Harz-Vorland mit 8.940 Einwohnern. Wir sind neugierig geworden: Fast alle Initiatorinnen kommen aus Ballenstedt oder sind nach der Berufsausbildung wieder zurückgekehrt. Was sie in ihrem Heimatort vermissen und wie sie den Ort beleben wollen, benennt die Homepage in einer wilden Mischung aus Verträumtheit und visionärer Tatkraft, untermalt von großen Schlagworten. Ein »*heimatLABOR*« soll entstehen, eine »*partizipative Ideenschmiede*« und ein »*gemeinschaftlicher Innovationsraum*«.

Wir verabreden einen Besuch, der uns im März 2020 in den Harz führt. Es wird ein abenteuerliches Wochenende werden. So viel Schwung, unbekümmerten Tatendrang und zugleich so viel kluge Selbstreflexion haben wir sonst nirgends auf unseren Reisen gefunden. Ausgerechnet dieser Besuch wird überschattet von der Corona-Pandemie, die dabei ist, weltweit aller Leichtigkeit ein vorläufiges Ende zu setzen.

Ankunft auf Gut Ziegenberg

In Hamburg haben gerade alle Kinos und Konzerthäuser dichtgemacht, fast alle großen Veranstaltungen sind abgesagt. Noch heißt es, Treffen mit bis zu 20 Teilnehmenden könnten stattfinden, doch sicher ist auch das nicht mehr. Wir ahnen bereits, dass diese Reise auf absehbare Zeit unsere letzte sein wird.

In Ballenstedt sind sie immer noch entspannt, natürlich sollen wir kommen, ob das Fest, das eigentlich für Samstag geplant ist, noch stattfinden wird, werde man sehen. Entsprechend aufgeregt kommen wir im Harz an, der heftige Sturm, der unsere Abreise aus dem Norden erschwert, hat sich gelegt – schönstes Frühlingswetter zieht auf. Das mulmige Gefühl wegen der Gefahr, die von dem neuen Virus auszugehen scheint, bleibt. Keine Umarmungen, kein Handschlag zur Begrüßung, alle gehen auf Abstand und versuchen Nähe zu vermeiden, was spätestens ab vier Personen im Raum kaum noch möglich ist. Und schon gar nicht bei der Freundlichkeit, mit der wir hier empfangen und bewirtet werden.

Wir sind angekommen auf Gut Ziegenberg, dem Herzstück des Vereins heimatBEWEGEN – eine große, extrem sanierungsbedürftige Anlage mitten in der Altstadt, verborgen hinter einem mächtigen Holztor, durch welches wir den Hof betreten. Der Verein hat den Hof von einer Ballenstedter Familie gepachtet. Die Gebäude werden gerade mit Fördermitteln aus dem ELER (Europäischer Landwirtschaftsfonds für die Entwicklung ländlicher Räume) wieder in Stand gesetzt, danach sollen sie eine Herberge mit Café, einen Regionalladen, ein Co-Working Space, ein Büro für Consulting & Coaching und ein Mitmach-Labor an diesem Ort vereinen. Auf dem Gelände entsteht außerdem gerade ein Gemeinschaftsgarten.

Lass uns werden, was wir sein wollen

Im Vorderhaus des Ziegenberghofs befindet sich eine alte Gaststube mit Theke und mit einem langen Tisch. Im oberen Stockwerk sind eine Bibliothek und die ersten Gästezimmer der zukünftigen Herberge entstanden, dort können wir übernachten. Am Abend erwartet uns ein lebendiges Begrüßungsessen, fast der ganze Vorstand des Vereins ist da, alle haben köstliche Dinge mitgebracht und die große Lust, von ihrem Projekt zu erzählen und uns kennenzulernen.

Fünf Frauen und ein Mann sitzen mit uns am Tisch. Alle wirken ausgelassen und einander herzlich zugewandt. Die Runde sprüht vor Umsetzungsfreude und macht den Eindruck, als würden sie unzählige Projekte gleichzeitig anschieben. Kaum haben wir eines ihrer Projekte halbwegs verstanden, taucht ganz selbstverständlich in einem Nebensatz mindestens ein nächstes auf.

Nach und nach wird uns der professionelle Hintergrund klar, vor dem unsere Gastgeber*innen so fröhlich agieren. Fast alle sind Akademiker*innen und sehr selbstbewusst wissen sie um ihre Potentiale, die in ihren Berufen oft verkümmern. Nun nutzen sie im Verein das KnowHow, das sie sich im Studium, in Führungsjobs, im Familienleben oder in der Selbständigkeit angeeignet haben. Die Chance, hier die eigenen Fähigkeiten zur Geltung bringen zu können, motiviert sie. **Die gegenseitige Wertschätzung macht die Stärke dieser Gruppe aus. Jede und jeder hat seine Rolle, über die sie sich immer wieder und ganz bewusst verständigen.**

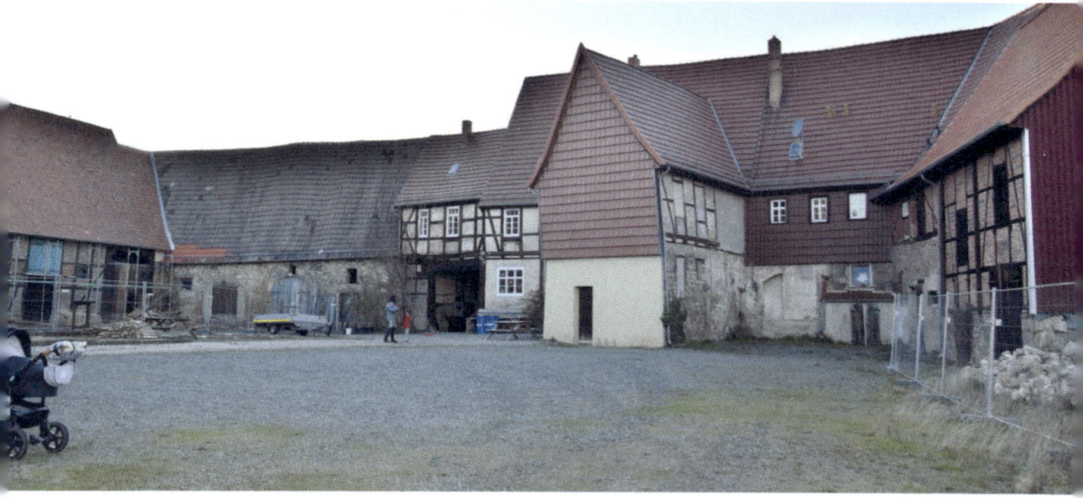

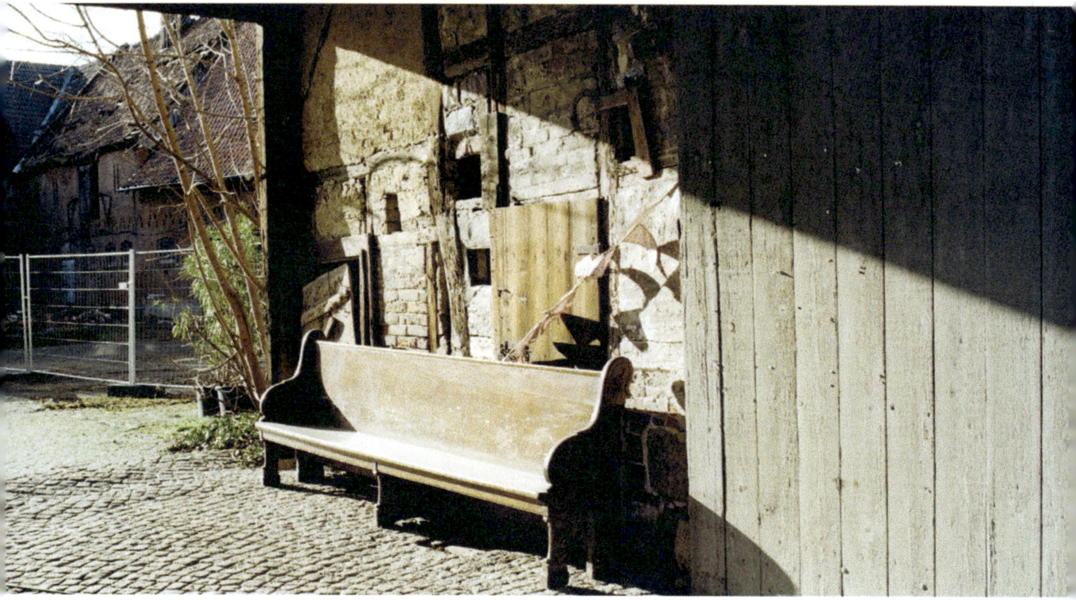

Anneke Richter gilt als die »*Macherin*«. Sie ist fast immer begeisterungsfähig, vor allem aber unerschrocken und ohne Scheu, »*einfach irgendwo anzurufen*«. Allein schon deshalb ist sie zuständig für das Einwerben von Fördermitteln. Anneke nutzt beim Schreiben der Anträge ihre Erfahrung, die sie sich als Leiterin des Medienzentrums der Uni Magdeburg erworben hat.»*Das ist wie Türenabspachteln, man hasst es, aber wenn man dann so ein großes Stückchen abkriegt, freut man sich.*« Anneke gelingt das »*Türenabspachteln*«ziemlich gut.

Sie kennt die in Initiativen weit verbreitete Angst, Fehler beim Antragschreiben zu machen, die unwiderruflich sind. »*Es gibt auch keine Fehlerkultur*«, bemängelt Anneke, nur selten kämen Rückmeldungen aus den jeweiligen Verwaltungen. Sie hat einen ganz pragmatischen Umgang damit entwickelt: »*Einen abgelehnten Antrag, nutze ich einfach als Baustein für andere Anträge*«.

Außerdem gestaltet Anneke die Website und viele besonders schön gestaltete Karten, Flyer, Aufkleber oder Plakate. Die Förderantrage und öffentlichen Auftritte stattet sie mit dem richtigen »*Wording*« aus. »*Wir bespielen das System und nutzen die Sprache als Machtfaktor*«, sagt sie. Sprache ist für sie ein Instrument, um Verhältnisse zu verändern. »*Wer Großes will, muss auch große Worte bewegen.*«

So viel Selbstbewusstsein ist hart erarbeitet. Sie sei durch ihre Arbeit an der Uni »*extrem geschult durch ein sehr stark gremiengeführtes Umfeld*«, sagt sie. Sie weiß, Argumente gut zu verkaufen und »*mit Sprache den Feind zu umarmen*«.

Zusammen mit Nicole ist Anneke die Projektmanagerin des Vereins, und das mit einer Energie, die auch ihren Mitstreiterinnen manchmal fast unheimlich vorkommt. Die Gefahr, dass Anneke sich in Alleingängen verliert, ist ihr bewusst und immer wieder Thema in der Runde.

Nicole Müller ist im Team die »*Strukturierte mit Plan und Weitsicht*«. Die Verwaltungsökonomin und Qualitätsmanagerin sorgt immer wieder für Ordnung in der Vielfalt der Ideen. Vor allem aber ist Nicole so etwas wie die »*Frontfrau*« der Initiative. Sie ist die Vorstandsvorsitzende und kann auch – Dank einer erfolgreichen Bewerbung beim Förderprogramm »*Neulandgewinner*« – zwei Jahre lang für zwölf Stunden in der Woche als bezahlte Kraft das Projektmanagement vorantreiben. Ihr Arbeitgeber, die evangelische Stiftung Neinstedt, hat sie dafür teilweise freigestellt, der Verdienstausfall wird aus den Fördermitteln finanziert.

»Wenn wir Netzwerke aufbauen wollen, dann brauchen wir auch jemanden, der die Zeit hat, mit den Leuten zu sprechen, und das kann man nicht alles nach Feierabend machen.«, sagt Nicole. Eigentlich sollte das eine Selbstverständlichkeit sein, aber für fast alle Initiativen ist der unbezahlte Einsatz nach Feierabend harte Realität.

Wir fragen Nicole, ob ihre hervorgehobene Rolle Konkurrenzdenken im sonst gleichberechtigten Vorstand ausgelöst hat. *»Das empfinde ich nicht so, weil wir das von Anfang an thematisiert haben. Schon mit der Bewerbung. Da habe ich halt gesagt: Wir können uns bewerben, aber wer kann das machen? Wer traut sich das auch selber zu? Wir haben ja alle eine Arbeit, und da waren eigentlich nur Anneke oder ich möglich, weil wir die fortschrittlichsten Arbeitgeber haben. Und es kann nur jemand machen, der das auch fachlich kann. Da haben wir uns ganz lange drüber unterhalten. Und ich habe gesagt, ich kann das nur machen unter der Bedingung, dass mein Arbeitsausfall durch einen finanziellen Ausgleich kompensiert wird, denn die Familie sollte darunter nicht leiden.*«

Das Besondere an dem Förderprogramm Neulandgewinner ist es, dass es keine schon voll durchdachten »*Schubladen-Projekte*« verlangt, sondern akteursbasiert angelegt ist und eine Förderung von Menschen und Ideen ist. *»Die gucken, ist die Person authentisch und investieren in die Kompetenz und Leidenschaft, man braucht keine Eigenmittel und kann gleich loslegen.*«

Neulandgewinner-Programm

Die Robert Bosch Stiftung stellt gemeinsam mit den Bundesländern Sachsen, Sachsen-Anhalt, Brandenburg und Mecklenburg-Vorpommern rund 1 Mio. Euro für die Förderung von bis zu 20 Neulandgewinner-Projekten zur Verfügung. Die Projektförderung ist auf zwei Jahre angelegt. Alle Programmteilnehmende erhalten ein individuelles Mentoring zur Entwicklung und Umsetzung ihres Vorhabens. Die Ballenstedter*innen werden unterstützt von Siri Frech – Landschaftsarchitektin und Urban Designerin in verschiedenen Projekten für räumliche und gesellschaftliche Transformation.

In vier Werkstätten zu Themen nach Bedarf lernen die Neulandgewinner*innen von und miteinander. Zusätzlich finden Webinare zu Fachthemen statt. Innerhalb des Programmes werden verschiedene Vernetzungsformate zum Austausch untereinander angeboten: Mit Neulandgewinner*innen aus früheren Runden und mit relevanten Akteuren aus Politik und Verwaltung. Über das Neulandgewinner-Programm erhalten die einzelnen Projekte zusätzliche öffentliche Aufmerksamkeit.

www.neulandgewinner.de

Antje Wegener ist »*das Korrektiv*«, eine besonnene Realistin und immer »*auf dem Boden der Tatsachen*«, wie die anderen sagen. Die selbständige Bauingenieurin kam zum Verein, als die Frauen nach einem geeigneten Objekt für ihre großen Pläne suchten. Antje hatte den Mut, den Ziegenberghof vorzuschlagen und sie hat auch den Umbau geplant. Zu wissen, dass ihr Sachverstand hinter dieser Idee steckt, ist ein beruhigendes Gefühl, denn von außen betrachtet wirkt das Vorhaben, dieses riesige Gebäude wieder in Stand zu setzen, schon ziemlich verrückt. Antje möchte durch ihre Mitarbeit Impulse setzen damit der Ort nicht mehr verkommt. »*Es leben so tolle Leute hier und man kann zusammen mehr erreichen!*«

Nancy Ziegenhorn ist der »*Puderzucker*« oder »*Goldstaub*« – so wird sie von den anderen wahlweise genannt. Die medizinisch-technische Assistentin an der Zahnklinik der Uni Halle sorgt immer für eine schöne Umgebung. Das enorme Inventar an aus der Zeit gefallenen Sammeltassen in der Küche des Ziegenberghofs geht auf Nancys Kappe. Sie lässt es sich nicht nehmen, uns zu einem Frühstück in ihre eigene Küche einzuladen – eine wahre Augenweide, so inspirierend voll mit selbstgemachten und selbstgefundenen Dingen, dass wir am liebsten gar nicht wieder gehen möchten. Nancy »*geht mit Kuchen auf die Leute los*« und ist auch wichtig als Mahnerin, bei allem Engagement die Kinder und die Männer nicht zu vergessen.

Jan Söchting, der einzige Mann in der Kerngruppe des Vereins, hat lange ein Weltenbummlerdasein gepflegt und ist nun Leiter einer Herberge »*am Ende der Welt*« geworden: Er bewirtschaftet ein Forsthaus in der Nähe von Ballenstedt mit Café, Gästezimmern und Angeboten für Gruppenfahrten. Diese Erfahrungen und sein besonnenes und naturverbundenes Wesen werden im Verein gut gebraucht. Schließlich soll auch auf dem Ziegenberghof eine Herberge entstehen. Jan kümmert sich zusammen mit Paul Jesske um den Gemeinschaftsgarten. Am Ende unserer Reise wird er uns köstlich bekochen.

Friederun Krosch gehört nicht zum Vorstand, ist aber fast immer dabei. »*Sie ist wie eine warme Decke*«, sagen die Frauen. »*Ich stehe eher außerhalb und helfe, wo Not am Mann ist*«, sagt sie selbst. Friederun ist mit Abstand die Älteste im Raum, als Rentnerin ist sie aktiv in der Arbeit mit geflüchteten Menschen. Sie ist ein zugewandter und bescheidener Mensch und eine dieser für jede Bewegung so wichtigen und wünschenswerten Personen, »*die aufräumen, wenn alle anderen nicht mehr können*«.

Wir haben keine Existenzängste mehr

Auch die Mitglieder des Vereins, die wir bei unserem Besuch nicht kennen-lernen können, werden uns mit viel Wohlwollen beschrieben. **Die Fähigkeit dieser Gruppe, so wertschätzend miteinander umzugehen, ist eine gute Basis für ihren Tatendrang. Hinzu kommt, dass alle in relativ sicheren Anstellungen ihren Lebensunterhalt verdienen.** *»Uns geht es gut«,* sagen sie. *»Wir haben keine Existenzängste mehr, wir sind jetzt dabei, Träume zu verwirklichen.«* **Eine weitere Quelle ihres aktiven Miteinanders sind längjährige und gut gepflegte Frauenfreundschaften.**

Die Mädelsrunde

Die Vereinsidee wurde 2016 geboren – während eines gemeinsamen Schwedenurlaubs von Anneke und Nicole. Nach und nach kamen Frauen aus ihrer *»Mädelsrunde«* dazu. Das sind zwölf Frauen aus Ballenstedt, die sich seit 20 Jahren einmal in der Woche entspannt in einer ihrer Küchen treffen. Sie kennen sich zum Teil schon aus der Schulzeit. *»Früher haben wir uns über Männer unterhalten, heute über die Kinder«,* erzählen sie. Manchmal geht es auch um Politik, Vereinssachen werden nach Möglichkeit rausgehalten. **Und**

dennoch sind die Mädelsrunden auch ein guter Kitt für den Verein. Sich aus unterschiedlichen Perspektiven wahrnehmen zu können, lässt Vertrauen und Freundschaften wachsen.

Spontan und stetig

Im Verein gibt es einmal monatlich eine Vorstandssitzung. Anneke und Nicole sind im ständigen Austausch über eine To-Do-App und mindestens eine Veranstaltung pro Monat muss stattfinden. Zum Beispiel die Hoftage oder die Zaungespräche. Bei den letzteren laden die Aktiven einen Nachmittag alle Neugierigen zum Kaffeekränzchen – also sozusagen an den Gartenzaun zum Plaudern ein, um von den Ideen und Projekten zu erzählen, die langsam aber stetig sprießen und gedeihen.

Heimat: Ballenstedt

Ballenstedt ist eine alte Residenzstadt, einst Sitz der Askanier, einem Adelsgeschlecht, das im Mittelalter von hier aus seine Macht entfaltete. Das Markanteste ist auf den ersten Blick eine ca. einen Kilometer lange Allee, die das Schloss, das oberhalb von Ballenstedt thront, mit dem historischen Stadtkern verbindet. Im Sommer könnte die Allee bestimmt zum Flanieren einladen, allerdings fehlen Cafés und Geschäfte. Auch der Stadtkern ist karg: Altes Mauerwerk mit viel Geschichte, aber kaum Läden, Gasthäuser oder Orte, wo wir uns noch öffentliches Leben vorstellen können.

Gegenüber vom Schloss thront der Ziegenberg. Hier steht auf 34 Hektar eine gigantische Anlage aus der NS-Zeit – eine Nationalpolitische Lehranstalt (Napola). Diese Ballenstedter Internatsschule für künftige nationalsozialistische Führungseliten war von insgesamt 40 solcher Einrichtungen die einzige, die neu gebaut wurde und den totalitären Herrschaftsanspruch der Nazis in einer bis heute Furcht einflößenden Architektur repräsentierte. Ab 1949 streng abgeschirmt als SED-Partei-Kaderschmiede genutzt, stehen seit der Wende die Gebäude leer und verfallen. Auf dem umzäunten Gelände konzentriert sich deutsche Geschichte wie in einem Brennglas: Zwei diktatorische Systeme haben hier aufeinander folgend ihre Eliten groß gezogen. Und nun weiß keiner, wie man mit diesem Erbe umgehen soll. Das Haupthaus soll ein Österreicher gekauft haben ohne offensichtliches Nutzungskonzept. Die umliegenden Gebäude und das Gelände haben gerade zwei chinesische Geschäftsmänner erworben, die hier ein Zentrum für traditionelle chinesische Medizin, Kampfkunst und Kultur errichten wollen. Außerdem eine Ausbildungsstätte für den chinesischen Fußballnachwuchs – eine dritte Diktatur schickt sich an, hier Elitenbildung zu betreiben.

Wir brauchen nichts außer ein bisschen Leichtsinn und Mut

Im Sommer 2019 verwandelt der Verein *heimatBEWEGEN* den Ziegenberg zum ersten Mal in den »*Kunstkurort Zauberberg*«. Die Veranstaltung ist das mit Abstand größte Projekt: Etwa 3.000 Menschen kommen auf das Gelände, bespielt werden die Außenflächen vor dem NS-Zentralbau und die leerstehenden Räume der SED-Par-

teischule – mit Kunstausstellungen, Performance, Theater, Zauberei, Lesungen, einer Ausstellung zur Geschichte, Kunst-Mitmachaktionen, mit jeder Menge Live-Musik und einer Techno-Party. Alles an einem Wochenende, an dem die Gäste eingeladen wurden, »*in der Abgeschiedenheit der Berge eigene Gedanken und Träume zu verfolgen*«. Die Leichtigkeit, mit der die Ballenstedter*innen an das gigantische Projekt herangegangen sind, ist in vielerlei Hinsicht bemerkenswert. Das Motto zu ihrem Fest haben sie aus einem Song-Text entlehnt, der auf der Webseite zum Projekt zitiert wird: »*Wir brauchen nichts außer ein bisschen Leichtsinn und Mut, der Rest wird von alleine gut*«.

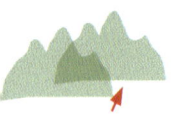
Wir fragen uns, wie ein historisch gleich doppelt belasteter Ort zu einem »*Kurort*« transformiert werden kann? Und warum die Kunst ausgerechnet hier der Erholung dienen soll?

Da oben, da ist doch nichts

Wir wollen das Gelände selbst sehen und verabreden uns für einen Spaziergang auf den Ziegenberg. Wir sind spät dran, mit dem Taxi geht es hinauf. Dem Taxifahrer können wir nichts über den Ziegenberg und seine Geschichte entlocken. »*Da oben?*« wehrt er ab. »*Da ist doch nichts.*« Die karge Antwort sei typisch für die Haltung vieler Ballenstedter*innen, erfahren wir von Anneke und Nicole, die wir vorm Eingang zum Gelände treffen. »*Man wusste in der Stadt nie, was die da oben machen*«, erzählen sie. Trotzdem haben alle in Ballenstedt irgendwie eine Geschichte mit dem Ziegenberg. Anneke zum Beispiel, die mit ihrem Vater dorthin gehen durfte, weil er als Künstler in den Gebäuden Wandbilder schuf.

Die massive Ruinenlandschaft, durch die wir spazieren, ist selbst in ihrer Verlassenheit noch immer ein beklemmendes Zeugnis einer Zeit, in der jungen Menschen die Freiheit, selbst zu denken, zu fühlen und zu träumen, systematisch genommen wurde. Vielleicht kann man, wenn man in Ballenstedt leben und glücklich sein will, gar nicht anders als diesen Berg zu stürmen, »*von Denkmustern entzaubern*« und mit dem eigenen Überschwang an Kreativität und Lebensmut zu besetzen?

Wir hätten das nächste Festival auf dem Ziegenberg, geplant für den Sommer 2020, gern miterlebt, doch leider verhindert die Pandemie, dass es stattfindet.

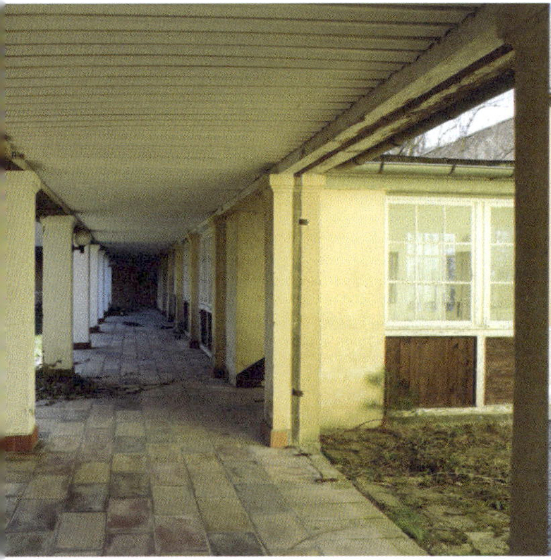

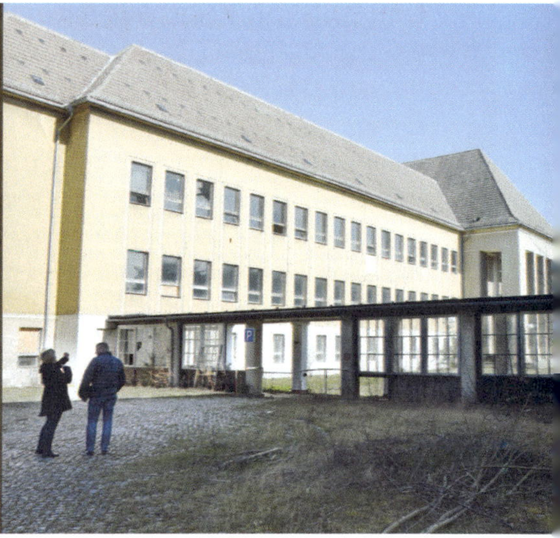

KINO

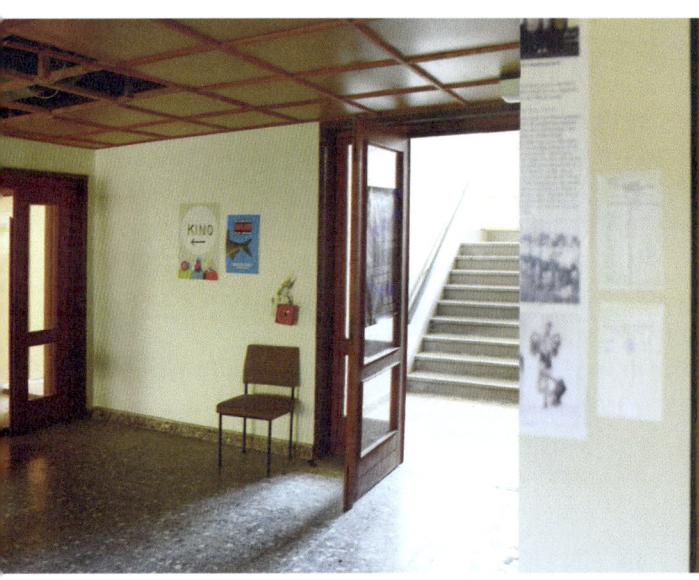

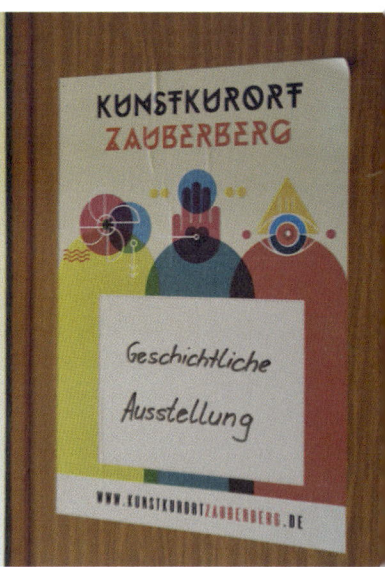

KUNSTKURORT
ZAUBERBERG
Geschichtliche
Ausstellung
WWW.KUNSTKURORTZAUBERBERG.DE

Umgang mit Kontroversen

Fast wäre die Fortsetzung des Festivals gescheitert. Die Frauen waren sich alles andere als einig darüber, diesen enormen Kraftakt noch ein zweites Mal auf sich zu nehmen. Das Familienleben hatte schwer darunter gelitten. Die Kontroverse brachte alle an eine Grenze und erforderte ein besonderes Krisenmanagement. Nicole: »*Wir haben gesagt, jetzt gehen wir vier Wochen in uns, dass jede einzelne das für sich wirken lassen kann, und dann treffen wir uns und sagen, wie wir das alle empfunden haben. Auch mit Abstand, um zu entscheiden, ob wir das so noch mal machen. Da gab es schon zwei unterschiedliche Lager bei uns im Vorstand. Das war so komplex und vielschichtig, und da haben wir gesagt, lasst uns das mal mit einer gut moderierten Methode angehen.*«

Weil ihr eigenes Methodenspektrum aufgeschöpft war, hat Nicole sich Hilfe geholt von Siri Frech, die ihr von der Robert-Bosch-Stiftung als Mentorin zur Seite gestellt wurde. Die Wahl fiel auf das Systemische Konsensieren.

»*Es war toll zu erleben, wie sich danach auch eine andere Dynamik entwickelt hat.*«, erzählt uns Nicole. »*Denn im Vorfeld gab es diese Lagerbildung. Anneke wollte das Festival unbedingt wiederholen, der hat das unheimlich viel Spaß gemacht und die hat es ganz toll gemacht, aber es geht ja nicht, wenn man keinen findet, der mit genau diesem Elan mitzieht, und wenn man keine Rückendeckung von den anderen hat … Und dann kam heraus, wir können das nächste Festival nur unter bestimmten Bedingungen machen. Und aus der Übersicht, die wir dann gemacht haben, stand fest, wie und welche Aufgaben zu verteilen sind. Und da war unter anderem Thema: Wir brauchen ein viel größeres Organisationsteam und wir müssen uns die Aufgaben aufteilen. Und müssen uns auch für bestimmte Teile Firmen mit ins Boot holen und dann eben auch Geld dafür ausgeben, weil nicht alles auf Helferbasis funktionieren kann, wenn man da nicht jeden überborden möchte. Und danach wurde die Stimmung auch wieder besser.*«

Systemisches Konsensieren

Das systemische Konsensieren ist eine integrierende, friedliche und relativ schnelle Abstimmungsmethode. Die Beteiligten können in einem Durchgang über viele verschiedene Vorschläge gleichzeitig abstimmen. Die Zahl der abstimmenden Mitglieder ist prinzipiell unbegrenzt. Diese Methode misst nicht die Zustimmung, sondern den WIDERSTAND der Gruppe GEGEN eine Entscheidung, welcher in normalen Abstimmungen unberücksichtigt bleibt. Denn dafür, dass die meisten Menschen mit einer Entscheidung gut leben können, ist die möglichst geringe Zahl an Einwänden wichtiger als die zahlenmäßig größte Zustimmung.

Gemeinsam werden Lösungsvorschläge für die abzustimmende Frage gesammelt und untereinander gelistet. Alle Beteiligten lassen die vorstellbaren Konsequenzen der Entscheidungsmöglichkeiten so auf sich wirken, dass eigene Widerstände und Einwände erkenn- und spürbar werden. Sind genügend sinnvolle Lösungsvorschläge vorhanden, kann es zur Abstimmung gehen. Bei jedem Vorschlag zeigen alle Beteiligten durch drei Möglichkeiten an: *»Wieviel Widerstand habe ich dagegen?«*.

1. **Kein Widerstand, ich kann gut damit leben.**
   Ich melde mich in der Abstimmung NICHT.
2. **Leichte Bedenken und Widerstände. Ich hebe einen Arm.**
3. **Ich habe große Widerstände, ich will auf gar keinen Fall, dass der Lösungsvorschlag umgesetzt wird. Ich hebe beide Arme.**

Die Anzahl der gehobenen Arme entspricht der Zahl der Widerstandsstimmen. Auf der Liste der Lösungsvorschläge werden diese vermerkt. Am Ende lässt sich klar zählen, bei welcher Lösung am wenigsten Widerstand in der Gruppe herrscht. Wenn nicht alle Beteiligten mit dieser Lösung gut leben können, braucht es vielleicht noch Zeit für bessere Lösungsvorschläge.

**Der ganze Prozess und die Ergebnisse wurden in einem Blog öffentlich ge-
macht, »*weil es uns wichtig war, den Ballenstedter*innen zurückzumelden,
was da eigentlich dran hängt an so einer Entscheidung. Wir haben viele positive Rückmeldungen gekriegt mit dem Tenor, macht das wieder, auch von den Jugendlichen, die die Technoparty so toll fanden, da haben wir gesagt, wir machen
das gerne wieder, aber kommt doch einfach mit ins Organisationsteam, da finden
wir für jeden eine Aufgabe.*«**

Wir können die Entscheidung frei treffen, in unserer Heimat zu leben

Fast alle Frauen im Verein sind entweder in Ballenstedt geblieben oder sind
»*Rückkehrerinnen*«. »*Ich habe mich woanders nie wohlgefühlt*«, sagt Nicole.

»*Viele sind zum Studium in die westlichen Bundesländer gegangen und jetzt sind
wir in dem Alter, wo wir Kinder kriegen und die Arbeitsmarktsituation sich hier
entspannt hat. Klar ist es so, dass es vom Lohnniveau noch deutliche Unterschiede
gibt, aber dafür gibt es ja auch bei den Ausgaben Unterschiede. Also wenn man
sich hier ein Haus sucht, dann kann man sich das noch leisten, und hier haben
viele ihre Eltern und Großeltern und die springen viel mit ein. Auch bei uns sind
die Großeltern eine ganz starke Basis in der Kinderbetreuung. Und ich denke
auch: Die Heimat ist einfach die Heimat. Ich kenne viele, die noch nicht wieder
zurückgekommen sind, die sich aber doch sehr hier hingezogen fühlen, und sich
eine Möglichkeit wünschen würden, zurückzukommen.*«

Nicole hat vor einem halben Jahr ihr drittes Kind bekommen. Sie steht, während wir sprechen, die ganze Zeit mit dem Baby auf dem Arm im Raum, und
füttert die Kleine. Obwohl ihre Tochter ständig Aufmerksamkeit einfordert,
antwortet Nicole auf unsere Fragen ohne den Faden zu verlieren. Mehr und
mehr fallen ihre Worte in den Rhythmus der leichten Pendelbewegung, mit
der sie das Kind hin und herwiegt. »*Mich strengt das auch an.*« sagt sie ganz
selbstverständlich mitten im Gespräch, um dann gleich wieder fortzufahren.

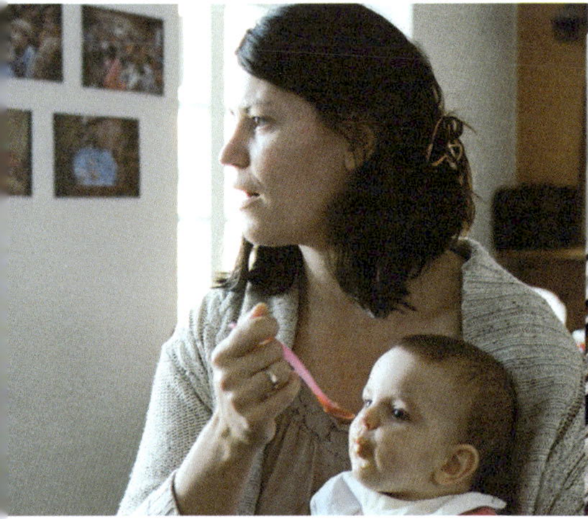
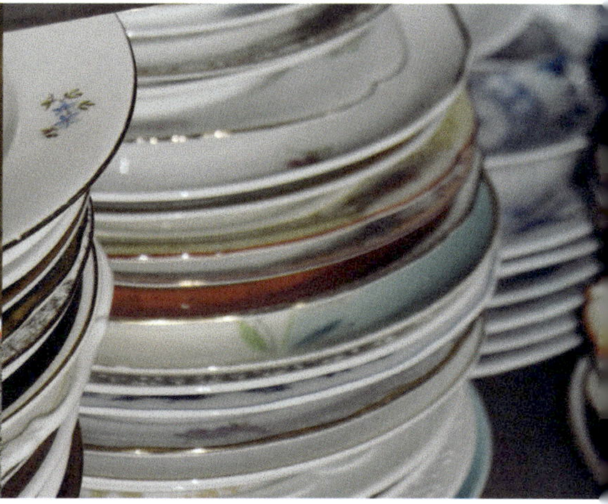
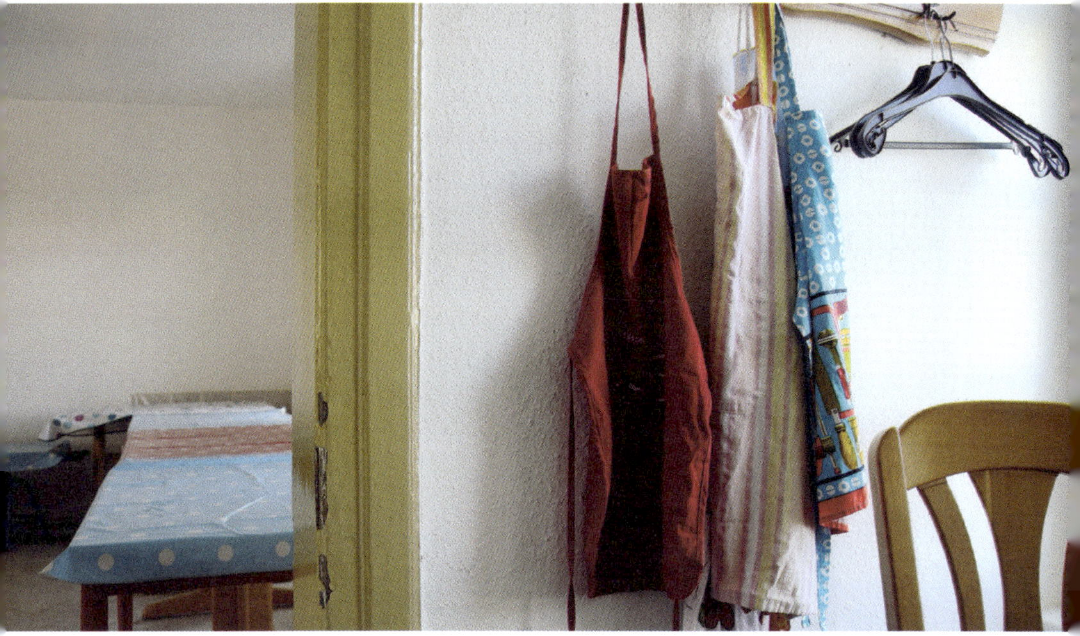

»Als 16-jährige, da wollte ich hier nur weg. Da war mir alles zu spießig und – nix los. Und nach der Schule konnte es auch nicht weit genug weg sein. Es war aber so, dass ich da eingegangen bin wie ein verkümmerndes Pflänzchen, und ich bin dann wirklich jedes Wochenende wieder nach Hause gefahren. Ich hatte meinen jetzigen Mann damals schon als Freund und hatte meine Großeltern noch, und mich hat es immer wieder hierher zurückgezogen. Mit dem universitären Umfeld bin ich nicht so wirklich klar gekommen, und ich war dann auch in keiner Sache richtig gut.

Ich habe Soziologie und Medienwissenschaften studiert. Und letzten Endes kann ich dann nur in die Wissenschaft gehen oder in einer Agentur arbeiten. Und wo habe ich das? In einer Großstadt. Aber ich will gar nicht in einer Großstadt leben! Und dann habe ich das Studium nach recht langer Zeit abgebrochen und wollte noch mal von vorne anfangen. Und da es kein Bafög mehr gab, blieb nur noch die Variante, mich hier im Umfeld zu orientieren, und ich habe dann in der Fachhochschule im Harz in Halberstadt öffentliches Dienstleistungsmanagement studiert. Und dieser Sprung, etwas abzubrechen und etwas Neues anfangen zu müssen, das war der Grundstein für mich, mit dem Reflektieren anzufangen. Und das auch systematisch zu durchdenken und nicht nur aus dem Bauch heraus zu entscheiden: Was kann ich eigentlich gut, was treibt mich an, und ich habe festgestellt, dass sich das durchaus immer mal wieder wandeln darf.

Ich finde es auch wichtig, diesen Schritt zu machen. Einfach mal diese andere Perspektive zu haben, um wertschätzen zu können, was man Zuhause hat. Es ist ein sehr wertvolles Gut, dass uns das hier möglich ist, diese Entscheidung frei treffen zu können, dass wir in unserer Heimat leben können.«

Wie ein Blitz

Die Frauen sind »*wie ein Blitz in der Stadt*«, sagt Friedrun über ihre Mitstreiterinnen. Sie selbst empfinden sich als ungemütlich, »*weil wir Bestehendes hinterfragen und zum Perspektivenwechsel anregen*«. Die Bürgerinnen und Bürger von Ballenstedt seien schwer »*hinter dem Ofen hervorzuholen*«, sagen sie. Trotzdem gelingen ihnen immer wieder Aktionen, mit denen sie so etwas wie eine alternative Stadtentwicklung betreiben. Eine Malaktion zum »*Tag des Nachbarn*« zum Beispiel, bei der sie ganz viele Menschen dazu gebracht haben, auf der einen Kilometer langen Allee zwischen Schloss und Altstadt die Straße zu bemalen.

Ob sie Unterstützung von der Stadt haben, möchten wir wissen. »*Uns fehlt der Dialog mit der Stadtverwaltung sehr.*« Der Verwaltungsapparat sei zu verstaubt, zu uninspiriert und viel zu langsam, hören wir auch hier in Ballenstedt. »*Warum geht ihr nicht selbst in die Politik?*«, fragen wir in die Runde. Die Antwort lautet unisono: »*Ich würde wahnsinnig werden, weil das da so langsam geht.*«

Was machen die denn da eigentlich?

Wir besuchen Dr. Michael Knoppik, 47 Jahre alt, Bürgermeister von Ballenstedt. Er hat sich für ein Gespräch mit uns Zeit genommen, obwohl er gerade alle Hände voll zu tun hat, den bevorstehenden Lockdown für die Stadt zu organisieren.

Auch er versucht gerade, die Verwaltungsstrukturen nach und nach aufzubrechen, erzählt er uns. Einmal wöchentlich gibt es zum Beispiel eine Dienstberatung mit fünf bis sechs Leuten aus der Stadtverwaltung, damit Entscheidungen nicht mehr autokratisch gefällt werden. Den klassischen Neujahrsempfang für ausgewählte Bürger hat er jetzt für alle geöffnet und sucht den Dialog mit den vielen Vereinen und Initiativen in der Stadt.

Der Verein heimatBEWEGEN ist wichtig für ihn – er ist zusammen mit seiner Frau sogar Gründungsmitglied – und er schätzt es enorm, was die »*Mädels*« dort wollen. »*Was die in den drei Jahren schon alles auf die Beine gestellt haben!*« bewundert er.

Das Problem mit der fehlenden Kommunikation sieht er auch, und er sieht es von der anderen Seite: Der Verein werde allgemein in Ballenstedt als völlig abgehoben gesehen. »*Das beste Beispiel ist eigentlich, dass 80% der Ballenstedter den Verein als solches mit dem Namen kennen, vor allem auch durch die Aktivitäten, die stattgefunden haben, aber nur 5% wissen, was der Verein überhaupt macht. Das ist die allergrößte Frage: Was machen die denn da eigentlich? Und ich hab auch schon oft dagestanden und gesagt, wie soll ich das jetzt in drei Sätzen zusammen fassen? Das ist noch so ein bisschen Aufklärungsarbeit, die betrieben werden muss.*«

10 Monate später …

… treffen wir uns mit Nicole – in einem digitalen Meeting. Echte Begegnungen sind noch immer unmöglich, inzwischen stecken wir im zweiten Lockdown fest. In Ballenstedt hat sich trotzdem eine ganze Menge getan.

Mit dem Bürgermeister hat ein längeres Gespräch stattgefunden, zusammen mit Siri Frech von den Neulandgewinnern, um gemeinsam Bilanz über das bisher Erreichte zu ziehen. **Beide Seiten wollen sich nun regelmäßig Zeit nehmen, um sich gegenseitig zu informieren. Dieser direkte Draht zwischen Verein und Stadt mündete prompt in einem gemeinsamen Projekt.**

Macht mal

Als im Sommer 2020 kurzfristig Veranstaltungen möglich waren, haben die Leute vom Verein ein paar Jugendliche aus der Stadt eingeladen. Sie haben zusammen gegrillt, »*ganz unspektakulär*«, und dabei erfahren, was die Jugendlichen in ihrer Stadt vermissen. Dann haben sie ihnen ein kleines Budget in die Hand gedrückt und gesagt: »*Macht mal.*« Heraus kam eine temporäre Siebdruckwerkstatt, ein Auto wurde besprüht, mit einem DJ fand eine Sommer-Party statt.

Danach gab es einen beeindruckten Bürgermeister und die gemeinsame Idee: Da geht noch mehr. Zufällig las jemand aus dem Verein gerade die Ausschreibung der Hertie-Stiftung für das Projekt »*Jugend entscheidet*«. Kommunen sollen dabei unterstützt werden, Entscheidungen an Jugendliche abzugeben. Bürgerbeteiligung soll geübt werden als Voraussetzung für eine echte und lebendige Demokratie.

Der Verein hat die Stadt ermutigt und dabei unterstützt, sich zu bewerben. Mit Erfolg: Ab Januar 2021 ist Ballenstedt eine von 10 ausgewählten Kommunen, die in einem moderierten Prozess ein Jahr lang zusammen mit Jugendlichen Kommunalpolitik macht. Die Koordination des Projektes konnte der Verein

an eine Person aus der Stadtverwaltung übertragen und plant zusammen mit dem Bürgermeister schon den nächsten Schritt. Langfristig wollen sie ein Jugendforum auf kommunaler Ebene einrichten.

Auf dem Ziegenberghof ist die Herberge mit zunächst zwei Doppelzimmern und drei Einzelzimmern fertig geworden. Herberge und Cafébetrieb wurden in eine GmbH ausgegliedert. Jan hat seinen bisherigen Job gekündigt und die Leitung der Herberge übernommen.

Demnächst wird eine Containeranlage aufgebaut, in der provisorisch Werkstätten und Begegnungsräume eingerichtet werden sollen bis der ganze Hof fertig saniert ist.

Mit dem »heimatKOMBINAT« ist ein Onlineshop entstanden aus einem Zusammenschluss von Freunden, Nachbarn und Seelenverwandten, die über das Portal Postkarten, Schmuck, Blühpatenschaften, Herbergs-Gutscheine und anderes mehr anbieten.

Wie Jan hat auch Nicole ihre Arbeit aufgegeben und ist jetzt mit voller Kraft bei dem wohl größten Projekt des Vereins: Die lange geplante »fabUNITY« kann Wirklichkeit werden.

Auf in die Zukunft mit dem MINT-Cluster fabUNITY

Im Verbund mit der Hochschule Harz, der Kreativwerkstatt Aschersleben, des Leibniz Instituts für Pflanzengenetik und Kulturpflanzenforschung und dem Grünen Labor Gatersleben wird die fabUNITY entstehen, ein Bildungsangebot in den MINT-Fächern (Mathematik, Informatik, Naturwissenschaften und Technik). Ausdrücklich für Mädchen zwischen 10-16 Jahren. Die Heimat-Beweger*innen haben sich durch ein außerordentlich aufwändiges Antragsverfahren gekämpft, und nun wird der Verbund vom Bundesministerium für Bildung und Forschung für zunächst 3 Jahre gefördert.

Nicole übernimmt hauptamtlich die Koordination. Auf dem Ziegenberghof soll einer von mehreren außerschulischen Lernorten entstehen – mit Angeboten wie zum Beispiel einem Astronomie-Workshop, einem Duftlabor oder einem Nachhaltigkeitscamp zusammen mit den *»jungen Tüftlern«* aus Berlin. Sechzehn überwiegend regionale Kooperationspartner konnten gewonnen werden.

»Die Netzwerke sind da«, sagt Nicole. *»Wir kennen uns alle schon lange. Sie müssen nur genutzt werden.«* Die Vielfalt der Projekte mag herausfordernd sein, gleichzeitig ist sie aber auch ein Motor, der nie ins Stocken gerät, denn mindestens ein Projekt läuft immer und befeuert das nächste. Wichtig dabei ist ohne Frage die Tatsache, dass es in Ballenstedt immer wieder gelingt, Stellen für die Koordinierung von Projekten zu finanzieren. Und die Aktiven haben den Mut, auch ins finanzielle Risiko zu gehen wie zum Beispiel mit der Herberge, für die über die GmbH ein Kredit aufgenommen werden soll.

Potentialentfaltung

Eines der Hauptmotive der Menschen, sich im Verein heimatBEWEGEN für Veränderungen zu engagieren, ist das Bedürfnis, auch das eigene Potential zu entfalten. Die gemeinsame Entwicklung des Lebensumfeldes soll dahin führen, dass möglichst viele Menschen ihre Persönlichkeit entwickeln – da sind sich alle einig.

Den Weg dahin machen ein paar Rezepte für den Umgang miteinander einfacher. Diese Rezepte sind in Ballenstedt nicht in Stein gemeißelt, aber sie fließen in einer solchen Klarheit und Selbstverständlichkeit in die Gespräche ein, dass wir gar nicht anders können, als sie für andere aufzuschreiben:

Es braucht gegenseitiges Vertrauen, Respekt und Wertschätzung.

Fehler sind unumgänglich und müssen als solche akzeptiert werden. So wichtig wie die Reflektion über Fehler ist es, nicht endlos darauf herumzureiten.

Mitteilungen werden als Ich-Botschaften ausgesprochen. Die ganz eigene Position auch in der Sprache einzunehmen (zum Beispiel: Ich sehe, dass…, statt: Man sieht doch …), hilft, passive Haltungen zu vermeiden und unterschiedliche Einstellungen als verschiedene Möglichkeiten besser zu akzeptieren.

Alle in der Gruppe verpflichten sich, miteinander in Diskussion zu gehen (sachlich bleiben!) und Konflikten nicht auszuweichen. Hilfreich ist die ständige Erinnerung: Sei offen für andere Lebensentwürfe!

Kreativ entspannen

Wie sie ihren Akku wieder aufladen können, wollen wir von den Frauen wissen. *»Wir sind Kreativentspanner«* sagt Nicole. **Nähen und Basteln sind das Lebenselixier der Ballenstedterinnen. Sie produzieren und umgegeben sich ständig mit schönen Dingen und gutem Essen.**

Auch die Rezepte für die leckeren Brotaufstriche aus den Küchen unserer Gastgeberinnen wollen wir deshalb nicht vorenthalten:

Macht jedes Abendbrot zum Festmahl.
Gut transportabel für die Mitbringparty.

Dattel-Curry-Dip

150 g entsteinte Datteln mit einer Knoblauchzehe, 300 g Frischkäse, 200 g Schmand, zwei Teelöffeln Curry, einem viertel Teelöffel Salz, ein bis drei Prisen Cayenne-Pfeffer mit dem Stabmixer zusammen pürieren. Kalt stellen bis die Gäste kommen.

Avocado-Dip

Eine Avocado mit einer Gabel zerdrücken. Dann 200 g saure Sahne, einen Teelöffel Olivenöl, eine gepresste Knoblauchzehe und einen Teelöffel Saft einer frisch gepressten Zitrone untermischen und mit Salz und Cayenne-Pfeffer abschmecken.

EXKURS: »DEMOKRATIE- LABOR« SCHLOSS TEMPELHOF

26. Oktober 2020

Inspiration Schloss Tempelhof

In den letzten Jahren entdeckt Barbara das Ökodorf Schloss Tempelhof in Baden-Württemberg. Das Faszinierendste an diesem Ort: Die Tempelhofer*innen
machen sich ihre gute Gemeinschaft zur wichtigsten Aufgabe. Denn eine gute Gemeinschaft ist nach ihrem Verständnis die Basis für Mut, Kraft und Lust, sich zu engagieren. Regeln, Strukturen und Methoden für ein gelingendes Miteinander werden hier ausprobiert, gelebt und weiter entwickelt. Nach Tempelhof kommen jene
Menschen, die genau das wollen. Es ist ein »künstliches« Dorf, ein »erfundener Ort«.
Aber eben auch ein »Gemeinschafts-« und »Demokratie-Labor«, in dem im Selbst-
versuch von ca. 80 Erwachsenen und ihren Kindern ein sehr offenes, authentisches,
lebensbejahendes, streitbares und gesellschaftlich verantwortliches Miteinander geübt wird. Das erfordert sehr viel Zeit, Geduld und auch den Mut, vertraute Rol-
lenbilder zu verlassen. Auch deshalb ist vieles von dem, was Tempelhof ausmacht,
nicht auf traditionelle Dörfer oder Städte übertragbar. **Aber welche Tempelhofer Er-
findungen können trotzdem für alle Initiativen und Projektgruppen hilfreich sein?**

2019 habe ich die Tempelhofer Gemeinschaft zweimal zu mehrtägigen Semina-
ren besucht. Ich habe von den Methoden gehört und einen »Gemeinschafts-Inten-
siv-prozess« erlebt. 2020 verhindert Corona zweimal eine erneute Reise der Provinz-
Offensive. Im Oktober wird daraus ein Bildschirm-Interview mit Agnes Schuster,
Marie-Luise Stiefel, Ramona Pump und Helene Urbain.

Agnes ist Buchhändlerin, Mitgründerin und -gestalterin auch der ersten drei An-
fangsjahre der Gemeinschaft in München. Sie hat ihr ganzes Leben in Gemeinschaften verbracht. Der Entwicklung von Tempelhof hat sie sich mit Haut und Haaren
verschrieben und hat vor allem den Seminarbetrieb aufgebaut.

Marie-Luise hat lange in der Stadtplanung Stuttgart gearbeitet. Quartiersvernet-
zung und Bürgerselbstorganisation waren ihre Schwerpunkte. In der Gemeinschaft
Tempelhof lebt sie seit einigen Jahren und arbeitet unter anderem im Seminarbetrieb und in der Gemeinschaftsberatung.

Auch Ramona ist eine der Mitgründer*innen von Tempelhof. Sie hat inzwischen an allen Projekten hier mitgewirkt, arbeitet aktuell im Seminarbetrieb und in der Bewegung um Mehr Demokratie! e.V..

Helene ist Mikrobiologin und gehört mit ihrer kleinen Familie zu den jungen Neuzugängen am Schloss Tempelhof. Mit anderen forscht sie zur Zeit im Pilotprojekt *»Leben in zukunftsfähigen Dörfern«.*

Gemeinschaft als Haltung

Alle vier wünschen sich mehr Verbindungen zwischen ideellen Gemeinschaften und traditionellen Dörfern und Kommunen. Sie wissen um die zum Teil großen Berührungsängste der Menschen von *»außen«. »Gemeinschaft als Haltung«* nennt Agnes die hier gelebte Kultur des demokratischen Miteinanders. *»Das heißt zum Beispiel dass jede Stimme zählt oder die Erfahrung, dass authentische Kommunikation mehr Aufmerksamkeit bekommt – und das kann man ja in jedem Haus anfangen! Wenn man sagt: Einmal in der Woche treffen wir uns für eine Stunde im Kreis. Das würde so viel verändern! Einfach voneinander zu wissen, würde soviel in Bewegung bringen.«*

All-Leader-Prinzip

Das in Tempelhof gelebte »*All-Leader-Prinzip*« könnte sich übersetzen lassen als »*Prinzip der Augenhöhe und Gleich-Verantwortung*«. Um wirklich auf Augenhöhe zu leben, verzichtet die Gruppe auf ein alleinverantwortliches Gremium. Statt handlungsarmer Unterordnung unter einen Macht-Apparat fördert das Prinzip eigenverantwortliche Tatkraft. Denn alle Beteiligten sind nicht nur dazu berechtigt, sondern dafür verantwortlich, sich mit ihren Bedürfnissen und Ideen für das Miteinander einzubringen. Eine wichtige Voraussetzung ist, dass alle Beteiligten sich in die Lage versetzen, einen eigenen Standpunkt zu vertreten, Fragen, Zweifel und Kritik deutlich zu formulieren.

Das Prinzip verlangt von den Beteiligten viel Offenheit, Transparenz, Mut und Geduld. Da fast alle Personen spätestens in Krisensituationen gerne wieder in besser trainierte hierarchische oder ausschließende Verhaltensweisen abrutschen, ist es sinnvoll, sich zu Beginn eines Projektes auf die Einhaltung des Prinzips zu einigen. Im Verlaufe der Zusammenarbeit liegt es in der Verantwortung aller, dessen Beibehaltung einzufordern.

Eine nach dem All-Leader-Prinzip arbeitende Gruppe muss auch unterschiedliche Begabungen des Denk- und Sprachvermögens, der Redegewandtheit etc. ernst nehmen. Wie kann erreicht werden, dass ALLE die jeweils anstehenden Fragen verstehen und ausnahmslos ALLE Meinungen und Bedürfnisse auch gehört werden?

Zugehörigkeit kommt von zuhören

Die Tempelhofer*innen haben sich auch für diese Herausforderung plausible Methoden angeeignet, die sich relativ leicht umsetzen lassen.

Eine Methode nennt sich **Hörraum**. Der entsteht dann, wenn alle Meinungen erst einmal im Raum stehen können ohne, dass sie kommentiert werden oder schon Rechtfertigungen formuliert werden. Wenn das durch aufmerksames Zuhören und eine zeitweise Zurückstellung der eigenen Positionen gelingt, dann können die vielfältigen Perspektiven der anderen im eigenen Kopf und Empfinden wirken. Eine inhaltliche Diskussion beginnt erst, wenn ALLE Meinungen von ALLEN gehört wurden.

Um genaues Zuhören und Verstehen geht es auch im Tempelhofer **Sozial-Forum**. Das kann zu Hilfe geholt werden, wenn Konflikte nicht mehr alleine gelöst werden können. Dann übernimmt die Gruppe die Aufgabe der Mediation für die Protagonisten des Konflikts. Die Gruppe sitzt dabei im Kreis, die Streitparteien sitzen innerhalb des Kreises sich gegenüber. Auch hier ist die erste Aufgabe aller: Wertfrei zuzuhören.

Person A beginnt und benennt den eigenen Konflikt. Person B hört zu und wiederholt, was sie gerade gehört hat. Das ist wichtig, denn durch den anhaltenden Konflikt ist in der Regel auch Person B noch so in Wut, Trauer oder Erregung, dass sie maximal die ersten drei Sätze genau wahrnehmen kann. Person A und die Gruppe ergänzen, was noch nicht gehört wurde. Person B wiederholt solange, was sie verstanden hat, bis alle Nachrichten ankamen. Dann gibt es einen Wechsel und die Person B erklärt ihre Sicht – Person A hört zu und wiederholt.

Erst wenn beide Seiten das jeweils andere Anliegen verstanden haben, stellt sich die Frage: Was brauchen beide Parteien, um aus ihrem Konflikt zu kommen? Wichtig ist die Anerkennung des Konflikts und die Suche nach Kompro-

miss-, bzw. Konsenslösungen. Dazu ist es notwendig, immer wieder den engen Blick von den eigenen Anliegen auf das Ggenüber auszuweiten.

Konflikte sind leichter zu lösen, je zeitiger sie angesprochen werden. Eine dafür hilfreiche, niedrigschwellige Methode ist das **Konfliktrunden-Ritual**. In Tempelhof findet es regelmäßig, mindestens einmal im Jahr statt. Hierbei bewegen sich alle Mitglieder der Gemeinschaft zusammen in einem großen Raum. Jede und jeder geht zu jenen Personen, mit denen ein Konflikt noch nicht ganz bereinigt ist. Und spricht es aus. Alle bewegen sich gleichzeitig, denn meistens haben alle noch etwas zu klären. Dadurch entsteht einerseits ein öffentlicher Raum, in dem die Normalität von Konflikten spürbar wird und dennoch können die konkreten Anliegen im privaten Zweiergespräch geklärt werden. Denn manchmal reicht zur Klärung ja schon, sich auszudrücken – und eben wieder gehört zu werden. Und ganz sicher ist das Ritual auch eine gute Gelegenheit, um noch nicht überbrachte Wertschätzung oder Freude auszusprechen.

Die sechsstufige Konsenskultur

Das Tempelhofer Konsens-Verfahren kann in allen gleichberechtigt agierenden Gruppen angewendet werden und geht über das systemische Konsensieren hinaus. Denn Entscheidungen sollen hier tatsächlich von ALLEN Beteiligten mitgetragen werden. Das heißt, sie können nicht gegen den ausdrücklichen Willen Einzelner oder einer Minderheit getroffen werden. Einzelpositionen werden geschätzt für die Fähigkeit, allgemein übliche Auffassungen neu zu denken und sie in Frage zu stellen. Das Konsens-Verfahren bezieht die unterschiedlichen Meinungen, Kritiken und Zweifel in die Entscheidungsfindung mit ein und bringt oft neue, bisher nicht für möglich gehaltene Lösungen hervor. Konsens-Entscheidungen brauchen in der Regel deutlich mehr Zeit als Mehrheitsentscheidungen, sind aber oft durchdachter. Sie stärken die Gruppe und werden nicht so leicht wieder in Frage gestellt.

Zur Entscheidungsfrage werden in einem *»Hörraum«* die Meinungen aller Anwesenden eingeholt. Interessen, Wünsche und Bedürfnisse werden weder gewertet, noch kommentiert. Erst wenn alle Meinungen gehört wurden, wird diskutiert und werden Lösungsmöglichkeiten gesammelt. In der Abstimmung werden mögliche Konsensvorschläge von allen Anwesenden anhand von sechs Stufen bewertet.

Stufe 1 = vorbehaltlose Zustimmung: Ich stimme zu und mache mit.
Stufe 2 = ich melde leichte Bedenken an aber ich kann mit der Entscheidung leben. Wichtig ist, dass meine Bedenken gehört wurden.
Stufe 3 = ich enthalte mich der Stimme. Die Frage ist mir nicht so wichtig, ich akzeptiere die Gruppenentscheidung und mache mit.
Stufe 4 = ich habe schwere Bedenken, würde die Entscheidung aber mittragen. Ich wünsche, dass auf meine Bedenken eingegangen und der Konsensvorschlag verändert wird.
Stufe 5 = ich kann dem Beschluss nicht zustimmen. An der Umsetzung werde ich mich nicht beteiligen. Der Beschluss kann trotzdem realisiert werden.

Stufe 6 = ich lege mein Veto ein. Ich kann nicht zulassen, dass die Gruppe diese Entscheidung trifft. Ich blockiere den Konsens und verpflichte mich, an einer alternativen Lösung mitzuarbeiten.

Wenn sich ein Veto trotz aller Bemühungen nicht auflösen lässt, bedeutet das in der Regel, dass sich die Wege von Mitglied und Gruppe trennen.

Das Konsensverfahren braucht Übung, ist aber überall einsetzbar. Eine Grenze besteht lediglich in der Gruppengröße. Da es darauf ankommt, dass in einem Gruppengespräch alle gehört werden und auf alle eingegangen werden kann, sollten nicht mehr als 20 Personen teilnehmen. In Großgruppenverfahren zur Konsensfindung finden die Diskussionen in gesprächsfähigen Teilgruppen mit max. 15 Personen statt. Nur die Diskussionsergebnisse werden an den Rest der Gruppe weitergegeben. Im Zweifelsfall ist es hilfreich, sich erfahrene Expert*innen dazu zu holen.

Viele einladende Ruheplätze

Was der persönlichen Entwicklung und einer guten Gemeinschaft außerdem hilft, sind viele gemütliche Ruheplätze, am besten mehr, als je gleichzeitig benutzt werden können. Sie sollten abwechslungsreich, überraschend und schön sein. Auch die Tempelhofer*innen ertappten sich dabei, immer wieder bis zur völligen Erschöpfung für das gute Leben von morgen zu arbeiten. Um die Absurdität auf komische Weise deutlich zu machen, stellte irgendjemand mal einen Liegestuhl auf den öffentlichen Platz. Daneben stand ein Kästchen mit Kleingeld und ein Schild, auf dem stand: *»Ausruhen wird belohnt!«* Die Provokation hat gewirkt. Aber das Thema braucht immer wieder neue Erinnerungen: Lasst es uns schon jetzt immer wieder – einzeln und miteinander – gut gehen. **Auch das schöne Leben muss geübt werden. Am besten täglich.**

Das Dorf und die Welt

*Wir haben unterwegs und beim Schreiben dieses Buches viel voneinander und von den anderen gelernt. Was uns am meisten überrascht hat: So vieles hängt von sozialen Fähigkeiten ab, die sich vielleicht am Besten mit dem Wort »**Herzensbildung**« fassen lassen. Und wo könnten wir unsere Herzen besser bilden als in einer guten Nachbarschaft oder in einer Gruppe von Menschen, die sich gemeinsam aufmacht, ihr Lebensumfeld zu gestalten?*

Das Wichtigste: Menschen sind in der Lage, aus Fehlern zu lernen und sich zu verändern. So vieles ist möglich, wenn Menschen sich aufeinander zu bewegen, Konflikte wagen und konstruktiv führen.

Die Welt braucht Veränderungen! Nicht nur in den Dörfern. Ohne einen Wandel, der auf Gemeinsinn basiert, werden wir die ökologischen und gesellschaftspolitischen Herausforderungen nicht bewältigen können.

Angesichts dieser globalen Aufgabe mögen die Rezepte, die wir gefunden haben, nur wie winzige Punkte erscheinen. Doch kein Schritt ist zu klein. Alles, was Menschen in gegenseitiger Wertschätzung und Offenheit an einen Tisch bringt, hilft uns weiter.

Wir wünschen uns dafür eine Förderpolitik, die die Erfahrungen der Aktiven aufnimmt. Förderungen sollten generell leichter zugänglich sein und nicht nur kurzfristige Projekte unterstützen, sondern Strukturen stärken, in denen Menschen langfristig ihr Umfeld mitgestalten können. Schafft mehr »Tische« für die Dörfer, mehr Raum und Zeit, damit gute Ideen und ein gutes Miteinander wachsen können!

Ausblick

Parallel zu diesem Buch ist ein neuer Film von Antje entstanden, der jetzt in die Kinos kommt und übers Land ziehen soll: Der Film »Alles, was man braucht« unternimmt eine Reise durch norddeutsche Dörfer und erzählt von Menschen, die einen Dorfladen betreiben. Auf der Suche nach Antworten auf die Frage, was und wieviel wir für ein gutes Leben wirklich brauchen.

Barbara hat inzwischen die ProvinzWerkstatt ins Leben gerufen. Mit einem kleinen Team und in Partnerschaft mit der Freien Schule in Oberndorf entsteht ein weiter Raum für Soziokultur und die Einübung zivilgesellschaftlicher Kompetenzen. Die ProvinzWerkstatt nutzt die Erfahrungen demokratischer Bewegungen, um gemeinwohlorientierte Initiativen und Projekte zu stärken. Menschen vor Ort und von überall her gestalten ab Herbst 2021 gemeinsam: Dinge, Beziehungen, Gesellschaft, Kunst und Kultur …

Dank

Wir danken herzlich allen Aktiven in Wartenburg, Gessin, Gnissau, in den Bollertdörfern, Platenlaase, Schloss Tempelhof und Ballenstedt, dass wir bei ihnen zu Gast sein durften.

Unser Dank gilt auch:
* Ulrike Hermenau für die kritsch-wohlwollende Begleitung und Supervision,
* Kersten Wellm für den Bau unseres fahrbaren Tisches und des Ideenbaums,
* Diego Ahrens und Kersten, die uns durch die Welt gefahren haben,
* Tanja Dornieden für das lange Interview zur Dorfmoderation,
* Ulrike, Diego, Kersten und Maren Dorner, Christiane und Jörn Möller für's Lesen und ihre konstruktiven Rückmeldungen.

Antje Barbara

Ulrike

Barbara Schubert und Antje Hubert sind die Betreiberinnen der **Provinz-Offensive**, gegründet 2017 als Projektbüro für ländliche Zukunftsfragen. Aus ihren unterschiedlichen Blickrichtungen erleben die Autorinnen die Um- und Aufbruchstimmung in der ländlichen Provinz. Die umfassenden Gestaltungsprozesse für die notwendige Weiterentwicklung von Dörfern sind längst Teil einer neuen Landkultur geworden. Die Autorinnen sind davon überzeugt, dass in lokalen Dorfbewegungen ein großes Zukunftspotential stecken kann für die Entwicklung einer offenen, demokratischen und am Gemeinwohl orientierten Gesellschaft.

Antje Hubert

Regisseurin und Produzentin von Dokumentarfilmen in Hamburg. Filmthema: Mikrokosmos Dorf.

Was hält ihn zusammen?
(DAS DORFORCHESTER, 2007)

Was treibt ihn auseinander?
(DAS DING AM DEICH, 2012)

Wie kann er überleben?
(VON BANANENBÄUMEN TRÄUMEN, 2016)

Wie wollen wir einkaufen?
Wie wirtschaften? Wie leben?
(ALLES WAS MAN BRAUCHT, 2021)

www.antjehubert.de

Barbara Schubert

Kommunikations-Designerin im Cuxland. Seit 2010 »*im Zweitberuf*« leidenschaftliche Aktivistin im Oberndorfer Dorfentwicklungsprozess. Mitgründerin und langjährige Mitbetreiberin verschiedener gemeinwohlorientierter Unternehmen und Initiativen.
2021 Gründung der Provinz-Werkstatt.

www.oostwind.de
www.die-oberndorfer.de
www.provinzwerkstatt.de